헌법을 읽는 시간
세 번의 탄핵심판, 그 기록

민주주의를 따라 쓰는 봄,
우리가 문장을 새기는 이유

2025년 4월 4일 오전 11시 22분. 헌법재판소가 윤석열 대통령에 대한 파면 결정을 낭독한 지 불과 몇 분 만에, SNS에는 "결정문 필사하러 갑니다."라는 글이 잇따라 올라왔습니다. "제일 예쁜 만년필과 잉크를 꺼낼 거야." "출판사, 이 결정문으로 필사책 좀 내주세요."

그리고 정말 많은 사람들이 그 말을 지켰습니다. 손으로 판결문을 옮겨 쓴 사진들이 줄줄이 올라왔고, 그중 어떤 이는 A4 다섯 장을 격자무늬로 가득 채운 기록을 남기며 "손이랑 등허리가 너무 아프다."라는 후기를 덧붙이기도 했습니다.

누군가는 말합니다. 이 모든 현상이 '유행'이라고요. 실제로 그렇습니다. 한강 작가의 노벨문학상 수상 소감부터 오늘의 대통령 탄핵심판 파면 결정문까지, 이 시대의 독자들은 의미 있는 문장을 그냥 지나치지 않습니다. 예고하고, 따라 쓰고, 인증하고, 공유하며, 타인의 필사와 나의 필사가 서로 교차되는 장면들. 오늘날의 필사는 단지 문장을 복사하는 데 그치지 않습니다. 감정과 인식, 나의 정체성과 시대적 감각을 담아내는, 말 그대로 '사유의 리추얼'이 되었습니다.

하지만 우리는 이 유행 앞에서 마냥 들뜨기만 할 수는 없었습니다. 누구보다 이 흐름을 가까이서 바라보는 편집자로서, 우리 스스로 되묻지 않을 수 없었습니다.

우리는 지금, 무엇을 따라 쓰고 있는가.
그 문장을 통해 진짜로 무엇을 새기고 있는가.

『헌법을 읽는 시간』은 이러한 질문에서 시작된 책입니다.
이 책은 단지 필사하기 좋은 문장을 골라 모아놓은 책이 아닙니다. 2025년 대한민국 헌정사에 깊은 인상을 남긴 윤석열 대통령 탄핵심판 결정요지와 전문을 중심에 두고, 그 맥락을 이해하기 위해 박근혜 전 대통령과 노무현 전 대통령의 탄핵심판 결정요지를 함께 실었습니다. 탄핵이라는 최후의 절차를 세 번이나 마주한 우리의 헌정사. 그 세 순간을 나란히 읽고, 손으로 따라 쓰는 동안, 독자들은 각 시대의 헌법적 논리와 언어, 그리고 사회가 민주주의를 어떻게 이해해왔는지를 되짚을 수 있을 것입니다.

헌법재판소의 결정문은 형식상으로는 법적 언어에 불과할 수 있지만, 그 속에는 인간에 대한 존중과 사회에 대한 질문, 그리고 권력에 대한 통찰, 사회 전체의 균형과 긴장이 고스란히 녹아 있습니다.

이 문장들을 따라 쓰는 행위는 단지 손을 움직이는 일이 아닙니다. 정제된 언어를 자신의 속도로 따라가며, 그 의미를 자기 삶

안으로 옮겨오는 행위입니다. 문장 하나하나를 내 호흡으로 읽고, 내 손끝으로 옮겨 적으며, 내 마음으로 다시 물어보는 일입니다.

"나는 지금 이 사회의 한 구성원으로서, 이 판단에 어떻게 응답할 것인가."

마치 봄의 공기가 차가운 흙 속을 뚫고 새싹을 틔우듯, 묵직한 문장 속에서 새로운 생각이 피어나는 순간. 이 책은 그런 '사유의 틈'을 만들고자 했습니다.

『헌법을 읽는 시간』은 그런 질문을 품은 책입니다.

박영사는 지난 70여 년간 법학 서적을 전문으로 펴낸 출판사입니다. 그동안 우리는 학자들과 실무자를 위한 깊이 있는 법서를 꾸준히 만들어왔습니다. 하지만 헌법은 단지 전문가의 것이 아닙니다. 시민이 읽지 않는 헌법은 존재하지 않는 것과 다르지 않습니다. 정성 들여 법학 서적을 만들어온 그 마음으로, 혹시라도 법적 언어를 낯설어할 독자들을 위해 헌법재판소의 결정문 곳곳에 주석을 달아 이해를 돕고자 했습니다.

우리가 이 책을 시민의 손에 건네고자 하는 이유는, 헌법이라는 언어가 더는 낯설지 않기를, 민주주의가 종이 위의 문장이 아니라 나의 삶과 감각으로 이어지기를 바라는 마음 때문입니다.

이 책이 세상에 나온 계절은, 봄입니다.

씨앗을 심는 시간, 새싹이 돋고 마음이 움직이는 계절.

아직 서툴고 거친 손글씨라도, 그것을 쓰는 사람의 마음속에는 확실한 무언가가 움트고 있으리라 믿습니다. 부당함에 맞서고, 정의를 바라보며, 스스로의 시민성을 자각하는 작은 진동. 그것이 바로 이 봄, 우리가 이 책을 세상에 내놓은 이유입니다.

문장을 따라 쓰는 이 시간이, 우리에게 단순한 기록이 아닌 기억이 되기를. 그 기억이 다시 우리의 삶과 사회를 연결해 주는 다리가 되기를 바랍니다.

2025년 봄
편집자

차례

일러두기

※ 결정문에 표시한 밑줄, 형광펜, 굵은 글자 표시는 엮은이가 임의로 강조하고자 표시한 것이며 헌법재판소 결정문 원문에는 없는 부분임을 밝힙니다.

※ 결정문 중 인명의 경우 예외적으로 원문과 달리 익명처리한 부분이 있음을 밝힙니다.

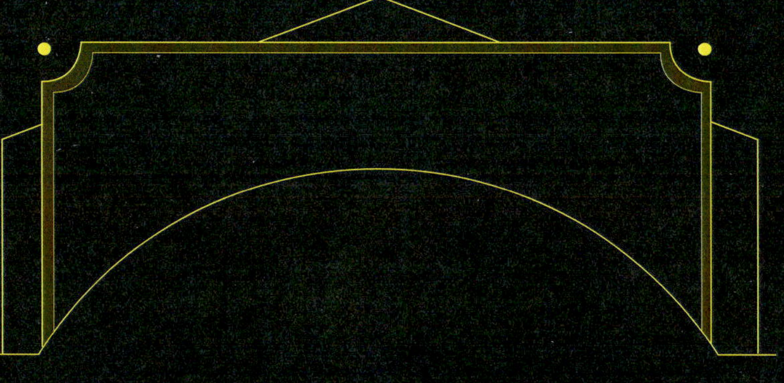

1

2024헌나8[*]

대통령(윤석열) 탄핵

대통령에 대한 탄핵심판사건[**]

💬 '헌나'는 탄핵심판에 붙는 사건부호를 의미한다. 2024년 접수된 탄핵심판 사건 중 여덟 번째 사건이라는 뜻이다. '헌가'는 위헌법률심판 사건, '헌나'는 탄핵심판 사건, '헌다'는 정당해산심판 사건, '헌라' 권한쟁의심판 사건, '헌마'는 헌법재판소법 제68조 제1항에 따른 헌법소원심판 사건, '헌바'는 헌법재판소법 제68조 제2항에 따른 헌법소원심판 사건, '헌사'는 각종 신청 사건(국선대리인선임 신청, 가처분신청, 기피신청 등), '헌아'는 각종 특별 사건(재심 등)을 의미한다. 대한민국 헌법은 탄핵소추는 국회에서 하지만, 헌법재판소에 탄핵심판권을 부여하고 있다.

💬 탄핵심판은 일반적인 사법절차나 징계절차에 따라 소추하거나 징계하기 곤란한 행정부의 고위직 공무원이나 법관 등과 같이 신분이 보장된 공무원이 직무상 중대한 비위를 범한 경우에 이를 의회가 소추하여 처벌하거나 파면하는 절차로, 고위직 공직자에 의한 헌법 침해로부터 헌법을 보호하기 위한 헌법재판제도이다.

1.

2024헌나8
대통령(윤석열) 탄핵
대통령[*]에 대한 탄핵심판 사건

종국일자 : 2025. 4. 4.

종국결과 : 인용(파면)

〈선고요지〉

지금부터 2024헌나8 대통령 윤석열 탄핵사건에 대한 선고를 시작하겠습니다.

◐ 먼저, 적법요건^{**}에 관하여 살펴보겠습니다.

① 이 사건 계엄 선포가 사법심사의 대상이 되는지에 관하여 보겠습니다.

고위공직자의 헌법 및 법률 위반으로부터 헌법질서를 수호하고자 하는 탄핵심판의 취지 등을 고려하면, 이 사건 계엄 선포가 고도의 정치적 결단을 요하는 행위라 하더라도 그 헌법 및 법률 위반 여부를 심사할 수 있습니다.

② 국회 법사위의 조사 없이 이 사건 탄핵소추안을 의결한 점에 대하여 보겠습니다.

헌법은 국회의 소추 절차를 입법에 맡기고 있고, 국회법은 법사위 조사 여부를 국회의 재량으로 규정하고 있습니다. 따라서 법사위의 조사가 없었다고 하여 탄핵소추 의결이 부적법하다고 볼 수 없습니다.

③ 이 사건 탄핵소추안의 의결이 일사부재의 원칙에 위반되는지 여부에 대하여 보겠습니다.

국회법은 부결된 안건을 같은 회기 중에 다시 발의할 수 없도록 규정하고 있습니다. 피청구인에 대한 1차 탄핵소추안이 제418회 정기회 회기에 투표 불성립되었지만, 이 사건 탄핵소추안은 제419회 임시회 회기 중에 발의되었으므로, 일사부재의 원칙에 위반되지 않습니다.

한편 이에 대해서는 다른 회기에도 탄핵소추안의 발의 횟수를 제한하는 입법이 필요하다는 재판관 정형식의 보충의견*이 있습니다.

④ 이 사건 계엄이 단시간 안에 해제되었고, 이로 인한 피해가 발생하지 않았으므로 보호이익이 흠결되었는지 여부에 대하여 보겠습니다.

이 사건 계엄이 해제되었다고 하더라도 이 사건 계엄으로 인하여 이 사건 탄핵 사유는 이미 발생하였으므로 심판의 이익이 부정된다고 볼 수 없습니다.

⑤ 소추의결서에서 내란죄 등 형법 위반 행위로 구성하였던 것을 탄핵심판청구 이후에 헌법 위반 행위로 포섭하여 주장한 점에 대하여 보겠습니다.

기본적 사실관계는 동일하게 유지하면서 적용법조문을 철회·변경하는 것은 소추사유의 철회·변경에 해당하지 않으므로, 특별한 절차를 거치지 않더라도 허용됩니다.

피청구인은 소추사유에 내란죄 관련 부분이 없었다면 의결정족수를 충족하지 못하였을 것이라고도 주장하지만, 이는 가정적 주장에 불과하며 객관적으로 뒷받침할 근거도 없습니다.

⑥ 대통령의 지위를 탈취하기 위하여 탄핵소추권을 남용하였다는 주장에 대하여 보겠습니다.

이 사건 탄핵소추안의 의결 과정이 적법하고, 피소추자의 헌법 또는 법률 위반이 일정 수준 이상 소명되었으므로, 탄핵소추권이 남용되었다고 볼 수 없습니다.

그렇다면 이 사건 탄핵심판청구는 적법합니다.

한편 증거법칙과 관련하여, 탄핵심판절차에서 형사소송법상 전문법칙*을 완화하여 적용할 수 있다는 재판관 이미선, 김형두의 보충의견과, 탄핵심판절차에서 앞으로는 전문법칙을 보다 엄격하게 적용할 필요가 있다는 재판관 김복형, 조한창의 보충의견이 있습니다.

☯ 다음으로 피청구인이 직무집행에 있어 헌법이나 법률을 위반하였는지, 피청구인의 법위반 행위가 피청구인을 파면할 만큼 중대한 것인지에 관하여 살펴보겠습니다.

우선 소추사유별로 살펴보겠습니다.

① 이 사건 계엄 선포[**]에 관하여 보겠습니다.

○ 헌법 및 계엄법에 따르면, 비상계엄 선포의 실체적 요건 중 하나는 '전시·사변 또는 이에 준하는 국가비상사태로 적과 교전 상태에 있거나 사회질서가 극도로 교란되어 행정 및 사법 기능의 수행이 현저히 곤란한 상황이 현실적으로 발생하여야 한다'는 것입니다.

피청구인은 야당이 다수의석을 차지한 국회의 이례적인 탄핵소추 추진, 일방적인 입법권 행사 및 예산 삭감 시도 등의 전횡으로 인하여 위와 같은 중대한 위기상황이 발생하였다고 주장합니다.

피청구인의 취임 후 이 사건 계엄 선포 전까지 국회는 행안부장관, 검사, 방통위 위원장, 감사원장 등에 대하여 총 22건의 탄핵소추안을 발의하였습니다. 이는 국회가 탄핵소추사유의 위헌·위법성에 대해 숙고하지 않은 채 법 위반의 의혹에만 근거하여 탄핵심판제도를 정부에 대한 정치적 압박수단으로 이용하였다는 우려를 낳았습니다.

그러나 이 사건 계엄 선포 당시에는 검사 1인 및 방통위 위원장에 대한 탄핵심판절차만이 진행 중이었습니다.

피청구인이 야당이 일방적으로 통과시켜 문제가 있다고 주장하는 법률안들은 피청구인이 재의를 요구하거나 공포를 보류하여 그 효력이 발생되지 않은 상태였습니다.

2025년도 예산안은 2024년 예산을 집행하고 있었던 이 사건 계엄 선포 당시 상황에 어떠한 영향을 미칠 수 없고, 위 예산안에 대하여 국회 예결특위의 의결이 있었을 뿐 본회의의 의결이 있었던 것도 아닙니다.

따라서 국회의 탄핵소추, 입법, 예산안 심의 등의 권한 행사가 이 사건 계엄 선포 당시 중대한 위기상황을 현실적으로 발생시켰다고 볼 수 없습니다.

국회의 권한 행사가 위법·부당하더라도, 헌법재판소의 탄핵심판, 피청구인의 법률안 재의요구 등 평상시 권력행사방법으로 대처할 수 있으므로, 국가긴급권의 행사를 정당화할 수 없습니다.

피청구인은 부정선거 의혹을 해소하기 위하여 이 사건 계엄을 선포하였다고도 주장합니다. 그러나 어떠한 의혹이 있다는 것만으로 중대한 위기상황이 현실적으로 발생하였다고 볼 수는 없습니다.

또한 중앙선관위는 제22대 국회의원 선거 전에 보안 취약점에 대하여 대부분 조치하였다고 발표하였으며, 사전·우편 투표함 보관장소 CCTV영상을 24시간 공개하고 개표과정에 수검표

제도를 도입하는 등의 대책을 마련하였다는 점에서도 피청구인의 주장은 타당하다고 볼 수 없습니다.

결국 피청구인이 주장하는 사정을 모두 고려하더라도, 피청구인의 판단을 객관적으로 정당화할 수 있을 정도의 위기상황이 이 사건 계엄 선포 당시 존재하였다고 볼 수 없습니다.

헌법과 계엄법은 비상계엄 선포의 실체적 요건으로, '병력으로써 군사상의 필요에 응하거나 공공의 안녕질서를 유지할 필요와 목적이 있을 것'을 요구하고 있습니다.

그런데 피청구인이 주장하는 국회의 권한 행사로 인한 국정마비 상태나 부정선거 의혹은 정치적·제도적·사법적 수단을 통하여 해결하여야 할 문제이지 병력을 동원하여 해결할 수 있는 것이 아닙니다.

피청구인은 이 사건 계엄이 야당의 전횡과 국정 위기상황을 국민에게 알리기 위한 '경고성 계엄' 또는 '호소형 계엄'이라고 주장하지만, 이는 계엄법이 정한 계엄 선포의 목적이 아닙니다.

또한 피청구인은 계엄 선포에 그치지 아니하고 군경을 동원하여 국회의 권한 행사를 방해하는 등의 헌법 및 법률 위반 행위로 나아갔으므로, 경고성 또는 호소형 계엄이라는 피청구인의 주장을 받아들일 수 없습니다.

그렇다면 이 사건 계엄 선포는 비상계엄 선포의 실체적 요건을 위반한 것입니다.

○ 다음으로, 이 사건 계엄 선포가 절차적 요건을 준수하였는

지에 관하여 보겠습니다.

피청구인이 이 사건 계엄을 선포하기 직전에 국무총리 및 9명의 국무위원에게 계엄 선포의 취지를 간략히 설명한 사실은 인정됩니다.

그러나 피청구인은 계엄사령관 등 이 사건 계엄의 구체적인 내용을 설명하지 않았고 다른 구성원들에게 의견을 진술할 기회를 부여하지 않은 점 등을 고려하면 이 사건 계엄 선포에 관한 심의가 이루어졌다고 보기도 어렵습니다.

그 외에도, 피청구인은 국무총리와 관계 국무위원이 비상계엄 선포문에 부서하지 않았음에도 이 사건 계엄을 선포하였고, 그 시행일시, 시행지역 및 계엄사령관을 공고하지 않았으며, 지체 없이 국회에 통고하지도 않았으므로, 헌법 및 계엄법이 정한 비상계엄 선포의 절차적 요건을 위반하였습니다.

② 국회에 대한 군경 투입에 관하여 보겠습니다.

피청구인은 국방부장관에게 국회에 군대를 투입할 것을 지시하였습니다.

이에 군인들은 헬기 등을 이용하여 국회 경내로 진입하였고, 일부는 유리창을 깨고 본관 내부로 들어가기도 하였습니다.

피청구인은 육군특수전사령관 등에게 '의결정족수가 채워지지 않은 것 같으니, 문을 부수고 들어가서 안에 있는 인원들을 끄집어내라'는 등의 지시를 하였습니다.

또한 피청구인은 경찰청장에게 계엄사령관을 통하여 이 사건 포고령의 내용을 알려주고, 직접 6차례 전화를 하기도 하였습니다. 이에 경찰청장은 국회 출입을 전면 차단하도록 하였습니다.

이로 인하여 국회로 모이고 있던 국회의원들 중 일부는 담장을 넘어가야 했거나 아예 들어가지 못하였습니다.

한편, 국방부장관은 필요시 체포할 목적으로 국군방첩사령관에게 국회의장, 각 정당 대표 등 14명의 위치를 확인하라고 지시하였습니다. 피청구인은 국가정보원 1차장에게 전화하여 국군방첩사령부를 지원하라고 하였고, 국군방첩사령관은 국가정보원 1차장에게 위 사람들에 대한 위치 확인을 요청하였습니다.

이와 같이 피청구인은 군경을 투입하여 국회의원의 국회 출입을 통제하는 한편 이들을 끌어내라고 지시함으로써 국회의 권한 행사를 방해하였으므로, 국회에 계엄해제요구권을 부여한 헌법 조항을 위반하였고, 국회의원의 심의·표결권, 불체포특권을 침해하였습니다.

또한 각 정당의 대표 등에 대한 위치 확인 시도에 관여함으로써 정당활동의 자유를 침해하였습니다.

피청구인은 국회의 권한 행사를 막는 등 정치적 목적으로 병력을 투입함으로써, 국가 안전보장과 국토방위를 사명으로 하여 나라를 위해 봉사하여 온 군인들이 일반 시민들과 대치하도록 만들었습니다.

이에 피청구인은 국군의 정치적 중립성을 침해하고 헌법에 따른 국군통수의무를 위반하였습니다.

③ 이 사건 포고령 발령에 관하여 보겠습니다.

피청구인은 이 사건 포고령을 통하여 국회, 지방의회, 정당의 활동을 금지함으로써 국회에 계엄해제요구권을 부여한 헌법 조항, 정당제도를 규정한 헌법 조항과 대의민주주의, 권력분립원칙 등을 위반하였습니다.

비상계엄하에서 기본권을 제한하기 위한 요건을 정한 헌법 및 계엄법 조항, 영장주의를 위반하여 국민의 정치적 기본권, 단체행동권, 직업의 자유 등을 침해하였습니다.

④ 중앙선관위에 대한 압수·수색에 관하여 보겠습니다.

피청구인은 국방부장관에게 병력을 동원하여 선관위의 전산 시스템을 점검하라고 지시하였습니다. 이에 따라 중앙선관위 청사에 투입된 병력은 출입통제를 하면서 당직자들의 휴대전화를 압수하고 전산시스템을 촬영하였습니다.

이는 선관위에 대하여 영장 없이 압수·수색을 하도록 하여 영장주의를 위반한 것이자 선관위의 독립성을 침해한 것입니다.

⑤ 법조인에 대한 위치 확인 시도에 관하여 보겠습니다.

앞서 말씀드린 바와 같이, 피청구인은 필요시 체포할 목적으로 행해진 위치 확인 시도에 관여하였는데, 그 대상에는 퇴임한 지 얼마 되지 않은 전 대법원장 및 전 대법관도 포함되어 있었습니다.

이는 현직 법관들로 하여금 언제든지 행정부에 의한 체포 대상이 될 수 있다는 압력을 받게 하므로, 사법권의 독립을 침해한 것입니다.

대한민국 헌법 제77조

대통령은 내란 또는 외환의 사유로 국가 비상사태에 있어서 공공의 안녕질서를 유지할 필요가 있을 때 계엄을 선포할 수 있다.

피청구인은 국회의 권한 행사를 막는 등 정치적 목적으로 병력을 투입함으로써, 국가 안전보장과 국토방위를 사명으로 하여 나라를 위해 봉사하여 온 군인들이 일반 시민들과 대치하도록 만들었습니다.

　　지금까지 살펴본 피청구인의 법위반 행위가 피청구인을 파면할 만큼 중대한 것인지에 관하여 보겠습니다.

　　피청구인은 국회와의 대립 상황을 타개할 목적으로 이 사건 계엄을 선포한 후 군경을 투입시켜 국회의 헌법상 권한 행사를 방해함으로써 국민주권주의 및 민주주의를 부정하고, 병력을 투입시켜 중앙선관위를 압수·수색하도록 하는 등 헌법이 정한 통치구조를 무시하였으며, 이 사건 포고령을 발령함으로써 국민의 기본권을 광범위하게 침해하였습니다.

　　이러한 행위는 법치국가원리와 민주국가원리의 기본원칙들을 위반한 것으로서 그 자체로 헌법질서를 침해하고 민주공화정의 안정성에 심각한 위해를 끼쳤습니다.

　　한편 국회가 신속하게 비상계엄해제요구 결의를 할 수 있었던 것은 시민들의 저항과 군경의 소극적인 임무 수행 덕분이었으므로, 이는 피청구인의 법 위반에 대한 중대성 판단에 영향을 미치지 않습니다.

　　대통령의 권한은 어디까지나 헌법에 의하여 부여받은 것입니다. 피청구인은 가장 신중히 행사되어야 할 권한인 국가긴급권을 헌법에서 정한 한계를 벗어나 행사하여 대통령으로서의 권한 행사에 대한 불신을 초래하였습니다.

　　피청구인이 취임한 이래 야당이 주도하고 이례적으로 많은 탄핵소추로 인하여 여러 고위공직자의 권한행사가 탄핵심판 중 정지되었습니다.

　　2025년도 예산안에 관하여 헌정 사상 최초로 국회 예산결산특별위원회에서 증액 없이 감액에 대해서만 야당 단독으로 의결하였습니다.

피청구인이 수립한 주요 정책들은 야당의 반대로 시행될 수 없었고, 야당은 정부가 반대하는 법률안들을 일방적으로 통과시켜 피청구인의 재의 요구와 국회의 법률안 의결이 반복되기도 하였습니다.

그 과정에서 피청구인은 야당의 전횡으로 국정이 마비되고 국익이 현저히 저해되어 가고 있다고 인식하여 이를 어떻게든 타개하여야만 한다는 막중한 책임감을 느끼게 되었을 것으로 보입니다.

피청구인이 국회의 권한 행사가 권력 남용이라거나 국정마비를 초래하는 행위라고 판단한 것은 정치적으로 존중되어야 합니다.

그러나 피청구인과 국회 사이에 발생한 대립은 일방의 책임에 속한다고 보기 어렵고, 이는 민주주의 원리에 따라 해소되어야 할 정치의 문제입니다. 이에 관한 정치적 견해의 표명이나 공적 의사결정은 헌법상 보장되는 민주주의와 조화될 수 있는 범위에서 이루어져야 합니다.

국회는 소수의견을 존중하고 정부와의 관계에서 관용과 자제를 전제로 대화와 타협을 통하여 결론을 도출하도록 노력하였어야 합니다.

피청구인 역시 국민의 대표인 국회를 협치의 대상으로 존중하였어야 합니다.

그럼에도 불구하고 피청구인은 국회를 배제의 대상으로 삼았는데 이는 민주정치의 전제를 허무는 것으로 민주주의와 조화된다고 보기 어렵습니다.

피청구인은 국회의 권한 행사가 다수의 횡포라고 판단했더라도 헌법이 예정한 자구책을 통해 견제와 균형이 실현될 수 있도록 하였어야 합니다.

피청구인은 취임한 때로부터 약 2년 후에 치러진 국회의원선거에서 피청구인이 국정을 주도하도록 국민을 설득할 기회가 있었습니다. 그 결과가 피청구인의 의도에 부합하지 않더라도 야당을 지지한 국민의 의사를 배제하려는 시도를 하여서는 안 되었습니다.

그럼에도 불구하고 피청구인은 헌법과 법률을 위반하여 이 사건 계엄을 선포함으로써 국가긴급권 남용의 역사를 재현하여 국민을 충격에 빠트리고, 사회·경제·정치·외교 전 분야에 혼란을 야기하였습니다.

국민 모두의 대통령으로서 자신을 지지하는 국민을 초월하여 사회공동체를 통합시켜야 할 책무를 위반하였습니다.

군경을 동원하여 국회 등 헌법기관의 권한을 훼손하고 국민의 기본적 인권을 침해함으로써 헌법수호의 책무를 저버리고 민주공화국의 주권자인 대한국민의 신임을 중대하게 배반하였습니다.

결국 피청구인의 위헌·위법행위는 국민의 신임을 배반한 것으로 헌법수호의 관점에서 용납될 수 없는 중대한 법 위반행위에 해당합니다.

피청구인의 법 위반행위가 헌법질서에 미친 부정적 영향과 파급효과가 중대하므로, 피청구인을 파면함으로써 얻는 헌법 수호의 이익이 대통령 파면에 따르는 국가적 손실을 압도할 정도로 크다고 인정됩니다.

이에 재판관 전원[*]의 일치된 의견으로 주문[**]을 선고합니다.

탄핵 사건이므로 선고시각을 확인하겠습니다. 지금 시각은 오전 11시 22분입니다.

주문 피청구인 대통령 윤석열을 파면[***]한다.

이것으로 선고를 마칩니다.

　국민 모두의 대통령으로서 자신을 지지하는 국민을 초월하여 사회공동체를 통합시켜야 할 책무를 위반하였습니다.

　피청구인과 국회 사이에 발생한 대립은 일방의 책임에 속한다고 보기 어렵고, 이는 민주주의 원리에 따라 해소되어야 할 정치의 문제입니다. 이에 관한 정치적 견해의 표명이나 공적 의사결정은 헌법상 보장되는 민주주의와 조화될 수 있는 범위에서 이루어져야 합니다.

헌 법 재 판 소
결 정

사 건 2024헌나8 대통령(윤석열) 탄핵

청 구 인 국회

소추위원 국회 법제사법위원회 위원장

대리인 명단은 [별지 1]과 같음

피 청 구 인 대통령 윤석열

대리인 명단은 [별지 2]와 같음

선 고 일 시 2025. 4. 4. 11:22

주 문

피청구인 대통령 윤석열을 파면한다.

이 유

1. 사건개요

가. 사건의 발단

피청구인은 2024. 12. 3. 22:27경 대통령실에서 대국민담화를 통해 비상계엄을 선포하였다(이하 2024. 12. 3.자 비상계엄을 '이 사건 계엄'이라 한다). 대국민담화의 내용은 '대한민국은 야당의 탄핵과 특검, 예산삭감 등으로 국정이 마비된 상태이며, 북한 공산세력의 위협으로부터 자유대한민국을 수호하고 헌정질서를 지키기 위해 비상계엄을 선포한다'는 것이었다(이하 '제1차 대국민담화'라 한다). 피청구인은 육군참모총장(이하 각 행위 당시의 직책을 기재한다) 박안수를 계엄사령관으로 임명하였고, 박안수는 같은 날 23:23경 계엄사령부 포고령 제1호(이하 '이 사건 포고령'이라 한다)를 발령하였다.

2024. 12. 4. 01:02경 제418회 국회(정기회) 제15차 본회의에서 박찬대 의원 등 170인이 발의한 비상계엄해제요구 결의안이 재석 190인 중 찬성 190인으로 가결되었다. 피청구인은 2024. 12. 4. 04:20경 대통령실에서 비상계엄을 해제하겠다는 내용의 대국민담화를 발표하였고, 같은 날 04:29경 국무회의에서 이 사건 계엄 해제안이 의결되었다.

나. 국회의 피청구인에 대한 탄핵소추의결 및 탄핵심판청구

(1) 2024. 12. 7. 1차 탄핵소추안 투표 불성립과 피청구인의 추가 대국민담화

피청구인의 이 사건 계엄 선포와 관련하여 2024. 12. 4. 국회에서 피청구인에 대한 탄핵소추안(이하 '1차 탄핵소추안'이라 한다)이 발의되었고, 같은 달 7. 피청구인은 '계엄으로 인하여 국민들께 불안과 불편을 끼쳐드린 점에 사과하며, 임기를 포함하여 정국 안정 방안을 국민의힘에 일임하겠다'는 취지의 대국민담화를 발표하였다. 2024. 12. 7. 제418회 국회(정기회) 제17차 본회의에서 1차 탄핵소추안에 대한 표결을 실시하였지만, 의결정족수 부족으로 투표가 불성립하였다.

2024. 12. 12. 피청구인은 또다시 대국민담화를 발표하였는데, 담화의 요지는 다음과 같다.

『① 거대 야당의 탄핵 남발, 특검법안 발의 등으로 국정이 마비되었고 국가 위기 상황에 처하였다. ② 거대 야당은 형법의 간첩죄 조항 개정을 방해하고 국가보안법 폐지도 시도하는 등 국가안보와 사회 안전까지 위협하고 있다. ③ 거대 야당이 검찰과 경찰의 내년도 특경비·특활비 예산을 0원으로 깎고 다른 예산들도 대폭 삭감하는 등으로 인하여 국정이 마비되고 사회질서가 교란되어 행정과 사법의 정상적인 수행이 불가능하다. ④ 선거관리위원회에 대한 국가정보원의 전산시스템 점검시 얼마든지 데이터 조작이 가능하고 방화벽도 사실상 없는 것이나 마찬가지라는 사실을 알게 되어, 국방부장관에게 선거관리위원회 전산시스템을 점검하도록 지시한 것이다. ⑤ 현재의 국정 마비 상황을 사회 교란으로 인한 행정·사법의 국가기능 붕괴 상태로 판단하여 계엄령을 발동하되, 그 목적은 국민에게 이러한 상황을 알려 이를 멈추도록 경고하는 것이었다. ⑥ 국회에 병력을 투입한 이유는 계엄 선포 방송을 본 국회 관계자와 시민들이 대거 몰릴 것을 대비하여 질서유지를 하기 위한 것이지, 국회를 해산시키거나 기능을 마비시키려 한 것이 아니다. ⑦ 거대 야당이 거짓으로 탄핵을 선동하는 이유는 당대표의 유죄 선고가 임박하자 대통령 탄핵을 통해 이를 회피하고 조기 대선을 치르려는 것이다. ⑧ 대통령의 비상계엄 선포권 행사는 사법심사의 대상이 되지 않는 통치행위이며, 오로지 국회의 해제 요구만으로 통제할 수 있다.』

(2) 2024. 12. 14. 탄핵소추의결 및 탄핵심판청구

박찬대, 황운하, 천하람, 윤종오, 용혜인, 한창민 등 190명의 국회의원이 이 사건 계엄과 관련하여 피청구인이 그 직무집행에 있어서 헌법이나 법률을 위배하였다는 이유로 2024. 12. 12. 대통령(윤석열) 탄핵소추안(이하 '이 사건 탄핵소추안'이라 한다)을 발의하였다. 국회는 2024. 12. 14. 제419회 국회(임시회) 제4차 본회의에서 이 사건 탄핵소추안을 재적의원 300인 중 204인의 찬성으로 가결하였고, 소추위원은 같은 날 헌법재판소법 제49조 제2항에 따라 소추의결서 정본을 헌법재판소에 제출하여 피청구인에 대한 탄핵심판을 청구하였다.

다. 탄핵소추사유 및 청구인의 변론 요지

(1) 이 사건 계엄 선포

피청구인은 헌법 및 계엄법이 정한 실체적·절차적 요건을 충족하지 못한 이 사건 계엄을 선포하였으므로, 헌법 제5조 제2항, 제7조 제2항, 제74조, 제77조 제1항, 제4항, 제82조, 제89조 제5호, 계엄법 제2조 제2항, 제5항, 제6항, 제3조, 제4조, 제5조 제1항, 제11조 제1항 등을 위반하였다.

(2) 국회에 대한 군경 투입

피청구인이 위험한 물건인 헬기, 군용차량, 총기로 무장한 군대와 경찰을 동원하여 유리창을 깨고 국회 건물 내로 침입하고

국회의원 및 국회 직원 등의 국회 출입 및 본회의장 진입을 막고 폭행·위협하도록 한 행위, 국회의장 우원식, 더불어민주당 대표 국회의원 이재명, 국민의힘 대표 한동훈 등의 체포를 시도한 행위는 헌법 제1조, 제5조 제2항, 제7조, 제8조, 제41조 제1항, 제49조, 제66조, 제74조, 제77조 제5항 등을 위반한 것이다.

(3) 이 사건 포고령 발령

피청구인은 계엄사령관을 통하여 이 사건 포고령을 발령함으로써 헌법 제5조 제2항, 제7조 제2항, 제8조, 제14조, 제15조, 제21조, 제33조, 제41조, 제44조, 제49조, 제74조 등을 위반하였다.

(4) 중앙선거관리위원회 등에 대한 압수·수색

피청구인은 2024. 12. 3. 군대를 중앙선거관리위원회(이하 선거관리위원회는 '선관위', 중앙선거관리위원회는 '중앙선관위'라 한다), 여론조사꽃 등으로 투입하여 중앙선관위 청사 등을 점령한 뒤 당직자의 휴대전화를 압수하고 서버를 촬영하도록 하였으며 2024. 12. 4. 출근하는 직원들에 대한 체포 및 구금계획을 세웠는바, 이는 헌법 제77조 제3항, 계엄법 제9조 제1항, 영장주의, 선관위의 독립성 등을 위반 또는 침해한 것이다.

(5) 법조인 체포 지시

피청구인은 전 대법원장 김명수, 전 대법관 권순일 등 법조인

에 대한 체포 지시를 하여, 헌법 제12조 제3항, 제101조, 제105
조, 제106조, 권력분립원칙, 법치주의원칙 등을 위반하였다.

(6) 헌법 및 법률 위반의 중대성

피청구인의 비상계엄 선포권의 남용 및 그에 부수한 행위들
은 국가의 존립을 위태롭게 한 헌법과 법률의 중대한 위반에 해
당한다. 피청구인은 국회를 무력화시킬 목적으로 이 사건 계엄
선포를 하고, 국회를 봉쇄하고 국회의원 등을 체포하려 하였으
며, 국군을 자신의 이익을 위해 동원하였는바, 국민의 신임에 대
한 배반이 국정을 담당할 자격을 상실할 정도에 이르렀다.

2. 심판대상

이 사건 심판대상은 대통령 윤석열이 직무집행에 있어서 헌
법이나 법률을 위반했는지 여부 및 파면결정을 선고할 것인지 여
부이다.

3. 적법요건 판단

가. 사법심사 가능성

피청구인은 대통령의 비상계엄 선포행위는 고
도의 통치행위*로서 사법심사의 대상이 아니므로
이 사건 탄핵심판청구가 부적법하다고 주장한다.

대통령의 계엄 선포권은 전시·사변 또는 이에

💬 통치행위란, 대통령이나 국가 최고기관이 국가의 존립이나 안전을 위해하는 고도의 정치적 결정인데, 일반적으로 사법부의 재판으로 판단하지 않는 행위를 말한다.

준하는 국가비상사태에 있어서 병력으로써 군사상의 필요에 응하거나 공공의 안녕질서를 유지할 필요가 있을 때 발동되는 국가긴급권으로, 그 행사에 대통령의 고도의 정치적 결단을 요한다고 볼 수 있다.

그러나 국가긴급권은 평상시의 헌법질서에 따른 권력행사방법만으로는 대처할 수 없는 중대한 위기상황에 대비하여 헌법이 중대한 예외로서 인정한 비상수단이므로, 헌법이 정한 국가긴급권의 발동요건·사후통제 및 국가긴급권에 내재하는 본질적 한계는 엄격히 준수되어야 한다(헌재 2015. 3. 26. 2014헌가5 참조). 계엄의 선포에 관해서는 헌법 제77조 및 계엄법에서 그 요건과 절차, 사후통제 등에 대하여 규정하고 있고, 탄핵심판절차는 고위공직자가 권한을 남용하여 헌법이나 법률을 위반하는 경우 그 권한을 박탈함으로써 헌법질서를 지키는 헌법재판이라는 점을 고려하면(헌재 2017. 3. 10. 2016헌나1 참조), 비록 이 사건 계엄 선포가 고도의 정치적 결단을 요하는 행위라 하더라도 탄핵심판절차에서 그 헌법 및 법률 위반 여부를 심사할 수 있다고 봄이 상당하다.

따라서 이 사건 계엄 선포행위가 통치행위이므로 사법심사의 대상이 될 수 없다는 피청구인의 주장은 받아들일 수 없다.

나. 법제사법위원회의 조사절차 흠결에 관한 판단

(1) 국회법 제130조 제1항은 "탄핵소추가 발의되었을 때에는 … 본회의는 의결로 법제사법위원회에 회부하여 조사하게 할 수 있다."라고 하여, 탄핵소추의 발의가 있을 때 그 사유 등에 대한

조사 여부를 국회의 재량으로 규정하고 있다. 따라서 국회가 법제사법위원회의 조사 없이 이 사건 탄핵소추안을 의결하였다고 하여 그 의결이 헌법이나 국회법을 위반한 것이라고 볼 수 없다(헌재 2004. 5. 14. 2004헌나1; 헌재 2017. 3. 10. 2016헌나1; 헌재 2025. 1. 23. 2024헌나1 참조).

(2) 피청구인은 국회법 제130조 제1항에 정한 법제사법위원회의 조사절차를 필수적 절차로 해석하지 않으면 피청구인의 방어권 행사가 어려워지므로 헌법상 적법절차원칙에 위반된다는 취지로 주장한다. 그런데 탄핵소추절차는 국회와 대통령이라는 헌법기관 사이의 문제이고, 국회의 탄핵소추의결에 따라 사인으로서 대통령 개인의 기본권이 침해되는 것이 아니다. 국가기관이 국민에 대하여 공권력을 행사할 때 준수하여야 하는 법원칙으로 형성된 적법절차원칙은 국가기관에 대하여 헌법을 수호하고자 하는 탄핵소추절차에 직접 적용될 수 없으므로(헌재 2004. 5. 14. 2004헌나1; 헌재 2017. 3. 10. 2016헌나1 참조), 피청구인의 이 부분 주장을 받아들일 수 없다.

(3) 나아가 피청구인은 국회가 법제사법위원회의 조사절차를 거치지 않고 이 사건 탄핵소추안을 의결한 것은 대통령 탄핵제도에 대한 헌법 규정과 취지, 국회와 대통령 간의 권력분립원칙에 위반된다는 취지로도 주장한다.

헌법은 탄핵소추와 관련하여 소추대상자와 소추사유, 탄핵소추의 요건 및 탄핵소추의결의 효과, 탄핵결정의 효력에 대하여 명시적으로 규정하였고(헌법 제65조), 그밖에 국회에서의 소추절차에 대해서는 규정하지 아니하여 입법에 맡기고 있다. 이와 같이 우리 헌법이 행정부와 사법부를 견제하기 위한 하나의 수단으로 고위공직자에 대한 탄핵소추권을 국회에 부여한 것 자체가 권력분립원칙의 구현에 해당한다고 볼 것이므로, 피청구인의 이 부분 주장은 받아들일 수 없다.

(4) 그밖에 피청구인은 조사절차를 거치지 않음으로써 소추사유가 불명확해지고, 그에 따라 심판기간이 늘어나게 되며, 피청구인의 방어권 행사가 어려워지게 되어 법치국가원리의 명확성원칙에 위반된다는 취지로도 주장하나, 이는 조사절차의 흠결로 방어권 행사가 어려워진다는 적법절차원칙 위반 주장과 사실상 동일하다고 볼 수 있으므로 이 부분 주장 역시 받아들이지 아니한다.

다. 탄핵소추안의 반복 발의에 관한 판단

(1) 피청구인은 이 사건 탄핵소추안과 동일한 탄핵소추안이 이미 2024. 12. 7. 국회 본회의에 상정되었다가 부결되었으므로 이 사건 탄핵소추안의 의결이 국회법 제92조의 일사부재의 원칙에 위반된다고 주장한다.

국회법 제92조는 "부결된 안건은 같은 회기 중에 다시 발의하거나 제출할 수 없다."라고 하여 일사부재의 원칙을 선언하고 있다. 여기서 부결된 안건을 다시 발의하거나 제출할 수 없는 시기는 같은 회기 중으로 제한된다.

이 사건에서 보건대, 1차 탄핵소추안은 2024. 12. 7. 제418회 국회(정기회) 제17차 본회의에서 그 표결이 실시되었으나 의결정족수 부족으로 투표가 불성립하였다. 그 후 이 사건 탄핵소추안이 2024. 12. 12. 제419회 국회(임시회)에서 발의되어 같은 달 14. 제419회 국회(임시회) 제4차 본회의에서 그에 대한 표결이 이루어졌음은 앞서 본 바와 같다.

그렇다면 제419회 임시회 회기 중 발의된 이 사건 탄핵소추안은 제418회 정기회 회기에 투표 불성립된 1차 탄핵소추안과 같은 회기 중에 다시 발의된 경우라고 할 수 없으므로, 이 사건 탄핵소추안의 의결은 국회법 제92조에 위반되지 아니한다.

(2) 한편, 피청구인은 이 사건 탄핵소추안의 의결이 국회법 제92조에 위반되지 않더라도 대통령의 탄핵소추요건을 다른 소추대상자보다 엄격하게 규정한 헌법에 위반되어 부적법하다는 취지로 주장한다.

헌법은 제65조 제2항에서 대통령에 대한 탄핵소추요건을 다른 소추대상자보다 가중하여 정하고 있기는 하나, 탄핵소추안의 발의 횟수나 재발의의 요건 또는 그 제한에 관하여는 정하고 있지 아니하다. 또한 국회는 헌법 제65조 제1항, 제2항에 따라 탄핵소추 발의권과 의결권을 가지고 있으므로, 탄핵소추의 발의가 헌법이나 법률의 규정에 위반되거나 소추권의 남용에 이르렀다는 등의 특별한 사정이 없는 한 단지 대통령에 대한 탄핵소추요건이 엄격하다는 이유만으로 탄핵소추안의 발의 횟수를 1회로 제한하기는 어렵다. 따라서 피청구인의 이 부분 주장 역시 받아들일 수 없다.

라. 기타 주장에 관한 판단

(1) 보호이익의 흠결 관련 주장

피청구인은 이 사건 계엄이 국회의 해제 요구로 단시간 안에 해제되었고, 이로 인한 피해가 발생하지 않았으므로 보호이익이 흠결되어 이 사건 탄핵심판청구가 부적법하다고도 주장한다.

살피건대, 이 사건 계엄이 해제되었다 하더라도 이 사건 계엄으로 인하여 이미 발생한 이 사건 탄핵사유를 이유로 피청구인에 대한 탄핵 여부를 심판할 이익이 부정된다고 볼 수 없으므로, 피청구인의 이 부분 주장을 받아들이지 아니한다.

(2) 형법상 내란죄 등에 관한 소추사유 철회, 변경 관련 주장

한편, 피청구인은 청구인이 이 사건 소추의결서에서는 피청구인의 이 사건 계엄 선포를 비롯한 일련의 행위에 대하여 형법상 내란죄(제87조, 제91조) 등 형법 위반 행위로 구성하였다가 이 사건 탄핵심판청구 이후에 이를 별도의 의결절차를 거치거나 '소추사실변경서’ 등을 제출하지 아니하고 헌법 위반 행위로 포섭하여 주장하는 것은 소추사유의 철회 내지 변경에 해당하여 이 사건 탄핵심판청구가 부적법하다는 취지로도 주장한다.

국회가 탄핵심판을 청구한 뒤 별도의 의결절차 없이 소추사유를 추가하거나 기존의 소추사유와 동일성이 인정되지 않는 정도로 소추사유를 변경하는 것은 허용되지 아니한다(헌재 2017. 3. 10. 2016헌나1; 헌재 2025. 1. 23. 2024헌나1 참조). 그런데 헌법재판소는 소추의결서에서 그 위반을 주장하는 ‘법규정의 판단’에 관하여는 원칙적으로 구속을 받지 않고 청구인이 그 위반을 주장한 법규정 외에 다른 관련 법규정에 근거하여 탄핵의 원인이 된 사실관계를 판단할 수 있으므로(헌재 2004. 5. 14. 2004헌나1; 헌재 2017. 3. 10. 2016헌나1 참조), 동일한 사실에 대하여 단순히 적용법조문을 추가·철회·변경하는 것은 ‘소추사유’의 추가·철회·변경에 해당하지 아니한다. 살피건대, 청구인이 형법 위반 행위로 구성하였던 사실관계를 헌법 위반으로 포섭하는 것은 소추의결서에 기재하였던 기본적 사실관계는 동일하게 유지하면서 그 위반을 주장하는 법조문을 철회 또는 변경하는 것에 지나지 않으므로 위에서 본 허용되지 않는 소추사유의 철회 내지 변경에 해당한다고 볼 수 없고, 이를 전제로 한 특별한 절차를 거쳐야 한다고 보기도 어렵다.

또한 피청구인은 소추사유의 철회 내지 변경에 대한 결의가 없으면 당초 소추의결서의 내용대로 판단하여야 한다고도 주장하나, 소추의결서 중 ‘법규정의 판단’에 관하여는 헌법재판소가 구속받지 아니함은 앞서 본 바와 같다.

따라서 피청구인의 이 부분 주장은 받아들일 수 없다.

(3) 정족수 미달 관련 주장

피청구인은 이 사건 탄핵소추안의 소추사유 중 형법상 내란죄 관련 부분이 없었다면 나머지 소추사유인 비상계엄의 선포 부분만으로는 재적 국회의원 3분의 2의 찬성을 얻기 어려웠을 것이 명백하므로, 이 사건 탄핵소추의결이 정족수에 미달되어 이 사건 탄핵심판청구가 부적법하다고 주장한다.

그러나 이 사건 탄핵소추안이 국회에서 재적의원 300인 중 204인의 찬성으로 가결된 사실은 앞서 본 바와 같다. 위 주장은 피청구인의 가정적 주장에 불과하며 이를 객관적으로 뒷받침할 근거도 없으므로, 이를 받아들이지 아니한다.

(4) 탄핵소추권의 남용 관련 주장

(가) 피청구인은 이 사건 탄핵소추의결이 법제사법위원회의 조사절차를 흠결하여 국회법 제130조 제1항에 위반되고, 일사부재의 원칙을 규정한 같은 법 제92조에 위반되며, 계엄이 해제되어 보호이익이 결여된 상태에서 행해졌으므로 탄핵소추권의 남용에 해당한다고 주장한다. 그러나 위에서 본 바와 같이 이 사건 탄핵소추안의 의결이 국회법 제130조 제1항이나 제92조에 위반된다거나 심판의 이익이 흠결되었다고 볼 수 없으므로, 이를 전

제로 한 탄핵소추권 남용 주장을 받아들일 수 없다.

(나) 피청구인은 국회의 과반의석을 차지한 야당이 대통령의 직무수행을 정지시키고 파면시킨 다음 대통령의 지위를 탈취하기 위하여 탄핵소추권을 남용한 것이라고 주장한다.

그러나 이 사건 탄핵소추안의 의결 과정에서 헌법과 법률에 정한 절차가 준수되었고, 피소추자의 헌법 내지 법률 위반 행위가 일정한 수준 이상 소명되었으므로, 해당 탄핵소추의결의 주요한 목적은 그에 대한 피소추자의 법적 책임을 추궁하고 동종의 위반 행위가 재발하는 것을 예방함으로써 헌법을 수호·유지하기 위한 것으로 보아야 한다. 설령 탄핵소추의 의결에 일부 정치적 목적이나 동기가 내포되어 있다 하더라도 이러한 사정만으로 탄핵소추권이 남용되었다고 볼 수 없다(헌재 2025. 1. 23. 2024헌나1 참조).

따라서 이 사건 탄핵심판청구가 청구인이 소추재량을 일탈하여 탄핵소추권을 남용한 것이라는 피청구인의 주장은 받아들이지 아니한다.

마. 소결

이 사건 탄핵심판청구는 적법하다.

4. 탄핵의 요건

가. 직무집행에 있어서 헌법이나 법률 위배

헌법은 탄핵소추사유를 '헌법이나 법률을 위배한 때'라고 명시하고 헌법재판소가 탄핵심판을 관장하게 함으로써 탄핵절차를 정치적 심판절차가 아닌 규범적 심판절차로 규정하고 있다. 탄핵제도는 누구도 법 위에 있지 않다는 법의 지배 원리를 구현하고 헌법을 수호하기 위한 제도이다. 국민에 의하여 직접 선출된 대통령을 파면하는 경우 상당한 정치적 혼란이 발생할 수 있지만 이는 국가공동체가 자유민주적 기본질서를 지키기 위하여 불가피하게 치러야 하는 민주주의의 비용이다(헌재 2017. 3. 10. 2016헌나1 참조).

헌법 제65조는 대통령이 '그 직무집행에 있어서 헌법이나 법률을 위배한 때'를 탄핵사유로 규정하고 있다. 여기에서 '직무'란 법제상 소관 직무에 속하는 고유 업무와 사회통념상 이와 관련된 업무를 말하고, 법령에 근거한 행위뿐만 아니라 대통령의 지위에서 국정수행과 관련하여 행하는 모든 행위를 포괄하는 개념이다. 또 '헌법'에는 명문의 헌법 규정뿐만 아니라 헌법재판소의 결정에 따라 형성되어 확립된 불문헌법도 포함되고, '법률'에는 형식적 의미의 법률과 이와 동등한 효력을 가지는 국제조약 및 일반적으로 승인된 국제법규 등이 포함된다(헌재 2004. 5. 14. 2004헌나1; 헌재 2017. 3. 10. 2016헌나1 참조).

나. 헌법이나 법률 위배의 중대성

헌법재판소법 제53조 제1항은 '탄핵심판 청구가 이유 있는 경우' 피청구인을 파면하는 결정을 선고하도록 규정하고 있다. 그런데 대통령에 대한 파면결정은 국민이 선거를 통하여 대통령에게 부여한 민주적 정당성을 임기 중 박탈하는 것으로서 국정 공백과 정치적 혼란 등 국가적으로 큰 손실을 가져올 수 있으므로 신중하게 이루어져야 한다. 따라서 대통령을 탄핵하기 위해서는 대통령의 법 위배 행위가 헌법질서에 미치는 부정적 영향과 해악이 중대하여 대통령을 파면함으로써 얻는 헌법 수호의 이익이 대통령 파면에 따르는 국가적 손실을 압도할 정도로 커야 한다. 즉, '탄핵심판청구가 이유 있는 경우'란 대통령의 파면을 정당화할 수 있을 정도로 중대한 헌법이나 법률 위배가 있는 때를 말한다(헌재 2017. 3. 10. 2016헌나1 참조).

다. 판단순서

이하에서는 피청구인이 그 직무를 집행하면서 헌법이나 법률을 위반하였는지에 대하여 (1) 이 사건 계엄 선포, (2) 국회에 대한 군경 투입, (3) 이 사건 포고령 발령, (4) 중앙선관위에 대한 압수·수색, (5) 법조인에 대한 위치 확인 시도의 순서로 판단한다.

한편, 청구인은 이 사건 탄핵심판청구 이후 제출한 서면에서 '피청구인이 2024. 12. 4. 출근하는 중앙선관위 직원들에 대한 체포·구금 계획을 마련하고 이를 지시한 행위' 역시 소추사유로 주장하고 있다. 국회가 탄핵심판을 청구한 뒤 별도의 의결절차 없이 소추사유를 추가하거나 기존의 소추사유와 동일성이 인정되지 않는 정도로 소추사유를 변경하는 것은 허용되지 아니함은 앞서 본 바와 같고(헌재 2017. 3. 10. 2016헌나1; 헌재 2025. 1. 23. 2024헌나1 참조), 중앙선관위 직원들에 대한 체포·구금 관련 지시는 이

사건 소추의결서에 기재되지 아니한 새로운 사실이므로 판단의
대상으로 삼지 아니한다.

5. 이 사건 계엄 선포에 관한 판단

가. 인정 사실

(1) 피청구인은 2024. 12. 3. 20:55경 대통령실에서 국무총리
한덕수에게 계엄을 선포하겠다고 말하였다. 한덕수는 피청구인
에게 다른 국무위원들의 말도 들어보시라고 하였고 피청구인은
국무위원들을 모아보라고 하였다. 이에 부속실에서 이미 대통령
실에 있었던 국방부장관 김용현, 통일부장관 김영호, 외교부장관
조태열, 법무부장관 박성재, 행정안전부장관 이상민 외의 국무위
원들에게 연락을 취하였다. 다만, 대통령실로 들어오라고 하였을
뿐, 국무회의를 개최한다고 연락하였던 것은 아니고, 문화체육
관광부장관 유인촌, 환경부장관 김완섭, 고용노동부장관 김문수,
국가보훈부장관 강정애는 연락을 받지 못하였다.

(2) 연락을 받은 국무위원들이 한 명씩 대접견실로 도착하여
피청구인이 비상계엄을 선포하고자 한다는 사실을 듣고 서로 의
견을 나누었고 그 중 일부는 집무실로 들어가서 피청구인에게 반
대 의사를 밝히기도 하였다. 중소벤처기업부장관 오영주가 마지
막으로 도착함으로써 같은 날 22:17경 국무총리 및 국무위원 9명
이 모이게 되었다. 그 무렵 피청구인이 집무실에서 대접견실로

나와 계엄 선포의 취지를 간략히 설명한 후 같은 날 22:22경 이 사건 계엄을 선포하기 위하여 대접견실을 나갔다. 오영주가 마지막으로 도착하고 피청구인이 이 사건 계엄을 선포하러 대접견실에서 나가기까지 걸린 시간은 5분 정도에 불과하였고, 개의 선포, 의안 상정, 제안 설명, 토의, 산회 선포, 회의록 작성이 없었다. 피청구인은 계엄의 필요성, 시행일시, 계엄사령관 등 이 사건 계엄의 구체적인 내용을 설명하지 않았고, 참석한 국무총리 및 국무위원들에게 이 사건 계엄 선포에 관하여 의견을 진술할 기회를 부여하지 않았으며, 회의에서 비상계엄 선포의 실체적 요건 구비 여부 등에 관하여 실질적인 검토와 논의가 이루어지지 않았다. 국무총리와 관계 국무위원이 이 사건 계엄 선포와 관련된 문서에 부서하지도 않았다.

(3) 피청구인은 2024. 12. 3. 22:23경 대통령실에서 제1차 대국민담화를 시작하여 22:27경 이 사건 계엄을 선포하였다. 제1차 대국민담화의 내용은 [별지 3]과 같다.

(4) 피청구인은 이 사건 계엄을 선포한 후 국회에 통고하지 않았다.

(5) 피청구인은 2024. 12. 3. 22:30경 국방부장관 김용현을 통하여 육군참모총장 박안수를 계엄사령관으로 임명하였다.

(6) 2024. 12. 4. 01:02경 국회에서 비상계엄해제요구 결의안이 가결되었다. 피청구인은 2024. 12. 4. 04:20경 대통령실에서 이 사건 계엄을 해제하겠다는 내용의 대국민담화를 발표하였고, 같은 날 04:29경 국무회의에서 이 사건 계엄 해제안이 의결되었다.

나. 판단

(1) 비상계엄 선포의 실체적 요건 위반 여부

(가) 비상계엄 선포의 실체적 요건

1) 전쟁이나 내란, 경제공황 등과 같은 비상사태가 발발하여 국가의 존립이나 헌법질서의 유지가 위태롭게 된 때에는 정상적인 상태에서 기능하도록 설계된 국가권력의 행사방식으로 대처하기 어렵다. 그러므로 위와 같은 비상사태가 발생한 경우에는 국가를 보전하고 헌법질서를 유지하기 위하여 비상적 수단을 발동할 수 있는 권한, 즉 국가긴급권을 인정할 필요가 있다. 그러나 국가긴급권을 인정하게 되면 권력이 하나의 국가기관으로 집중되고 국가권력의 남용을 방지하기 위하여 마련된 각종 통제 장치가 작동할 수 없게 되어 오히려 헌법적 가치와 국민의 기본권이 침해될 위험이 있다. 이에 우리 헌법은 국가긴급권을 대통령의 권한으로 규정하면서도, 국가긴급권의 내용, 효력, 한계 및 그에 대한 통제수단을 분명히 함으로써 그 남용과 악용을 막아 국가긴급권이 헌법보호의 비상수단으로서 기능할 수 있도록 담보하고 있다(헌재 1994. 6. 30. 92헌가18; 헌재 1996. 2. 29. 93헌마186 참조).

2) 헌법 제77조 제1항은 계엄 선포의 실체적 요건으로 '전시·사변 또는 이에 준하는 국가비상사태가 발생할 것'과 '병력으로써 군사상의 필요에 응하거나 공공의 안녕질서를 유지할 필요가 있을 것'을 요구하고 있다. 계엄법 제2조 제2항은 헌법 제77조 제1항의 위임에 근거하여 비상계엄 선포의 요건을 보다 엄격하게 규정하고 있는데, 이에 따르면 비상계엄을 선포하려면 '전시·사변 또는 이에 준하는 국가비상사태'가 발생하여야 할 뿐만 아니라, '적과 교전 상태에 있거나 사회질서가 극도로 교란되어 행정 및 사법 기능의 수행이 현저히 곤란한 상태' 역시 발생하여야 하며, 그 목적이 '군사상 필요에 따르거나 공공의 안녕질서를 유지하기 위한 것'이어야 한다.

헌법상 국가긴급권의 인정 취지와 위 관련 규정들을 종합하여 보면, 비상계엄 선포가 헌법 및 계엄법이 정한 실체적 요건을 충족하기 위해서는 ① 전시·사변 또는 이에 준하는 국가비상사태로 적과 교전 상태에 있거나 사회질서가 극도로 교란되어 행정 및 사법 기능의 수행이 현저히 곤란한 상황이 현실적으로 발생하여야 하고, ② 병력으로써 군사상의 필요에 응하거나 공공의 안녕질서를 유지할 필요가 있어야 하며, ③ 비상계엄 선포의 목적이 군사상 필요에 따르거나 공공의 안녕질서를 유지하기 위한 것이어야 한다. 따라서 비상계엄은 위와 같은 위기상황이 현실적으로 발생하였으나 경력(警力)만으로는 이를 수습할 수 없는 경우에 병력으로써 기존질서를 유지·회복하기 위하여 선포할 수 있는 것이므로, 위기상황이 발생할 우려가 있다는 이유만으로 사전적·예방적으로 선포할 수는 없고, 공공복리의 증진과 같은 적극적 목적을 위하여 선포할 수도 없다(헌재 1996. 2. 29. 93헌마186 참조).

(나) 헌법 제77조 제1항 및 계엄법 제2조 제2항이 정한 위기상황의 발생 여부

1) 심사기준 및 쟁점

가) 비상계엄을 선포하려면 전시·사변 또는 이에 준하는 국가비상사태로 적과 교전 상태에 있거나 사회질서가 극도로 교란되어 행정 및 사법 기능의 수행이 현저히 곤란한 상황이 현실적으로 발생하여야 하는데(헌법 제77조 제1항 및 계엄법 제2조 제2항), 이에 관하여는 헌법에 따라 계엄 선포권을 부여받은 피청구인에게 일정 정도의 판단재량이 인정되는 것으로 보아야 한다. 그러나 피청구인에게 판단재량을 인정한다는 것이 객관적으로 위기상황이 아님에도 주관적 확신만 존재하면 비상계엄을 선포할 수 있다는 의미는 아니므로, 객관적으로 피청구인의 판단을 정당화할 수 있을 정도의 위기상황이 존재하여야 하고, 피청구인의 판단이 현저히 비합리적이거나 자의적인 경우에는 헌법 제77조 제1항 및 계엄법 제2조 제2항을 위반한 것으로 보아야 한다(헌재 1996. 2. 29. 93헌마186 참조).

나) '전시'란 상대국이나 교전단체에 대하여 선전포고나 대적행위를 한 때부터 그 상대국이나 교전단체와 휴전협정이 성립된 때까지의 기간을 말하고, '사변'이란 국토를 참절하거나 헌법질서를 문란하게 할 목적으로 봉기한 모든 형태의 무장반란집단의 폭

동을 의미한다. 앞에서 살펴본 헌법상 국가긴급권의 인정 취지와 헌법 제77조 제1항의 문언을 고려할 때, '전시·사변에 준하는 국가비상사태'란 전쟁에 해당되지 아니하는 외적의 침입, 국토를 참절하거나 헌법질서를 문란하게 할 목적이 없는 무장 또는 비무장의 집단 또는 군중에 의한 사회질서교란, 자연적 재난으로 인한 사회질서교란 등으로 인하여 국가의 존립이나 헌법질서의 유지가 위태롭게 되어 평상시의 헌법질서에 따른 권력행사방법으로는 대처할 수 없는 중대한 위기상황을 말한다.

이 사건 계엄 선포 당시 정치상황과 사회상황이 전시·사변에 해당한다거나 적과 교전 상태에 있었다고 볼 수 없음은 명백하다. 피청구인은 이 사건 계엄 선포 당시의 상황이 전시·사변에 준하는 국가비상사태에 해당하고, 사회질서가 극도로 교란되어 행정 및 사법 기능의 수행이 현저히 곤란한 상황이었다고 주장하므로, 이와 같은 피청구인의 판단이 현저히 비합리적이거나 자의적인지 살펴본다.

2) 이 사건 계엄 선포 사유에 관한 피청구인의 주장에 대한 판단

피청구인은 야당인 더불어민주당이 다수의석을 차지하고 있는 국회가 ① 다수의 고위공직자를 탄핵하거나 그 탄핵을 시도함으로써 사법 업무 및 행정 업무를 마비시켰고, ② 위헌적이거나 국익에 반하거나 정치적 편향성이 높은 법안을 추진하거나 여야 합의 없이 일방적으로 통과시키고, 여당이 추진하는 법안에 반대하였으며, ③ 2025년도 주요 예산을 전액 삭감하여 국가의 본질적 기능을 훼손하고 마약 천국, 민생 치안 공황 상태로 만들었으며 안보 공백을 초래하였고, ④ 대통령 퇴진, 탄핵 집회를 열고, 안보·외교 분야 등에서 반국가 행위를 하였다고 하면서, 이러한 국회의 전횡으로 국정이 마비되고 행정과 사법의 정상적인 수행이 불가능한 상황이 되었다고 주장한다.

피청구인은 이러한 국회의 행위로 헌법 제77조 제1항 및 계엄법 제2조 제2항이 정한 위기상황이 발생하였다고 주장하므로, 이에 관하여 살펴본다.

가) 더불어민주당의 탄핵소추 추진 및 국회의 탄핵소추

피청구인은 더불어민주당이 다수의 고위공직자에 대하여 탄핵을 시도하거나 탄핵소추안을 발의함으로써 사법 업무 및 행정 업무를 마비시켰다고 주장한다.

탄핵심판은 고위공직자가 권한을 남용하여 헌법이나 법률을 위반하는 경우 그 권한을 박탈함으로써 헌법질서를 지키는 헌법재판이다(헌재 2004. 5. 14. 2004헌나1 참조). 앞에서 살펴본 것처럼 헌법은 탄핵심판절차를 정치적 심판절차가 아닌 규범적 심판절차로 규정하고 있다(헌재 2017. 3. 10. 2016헌나1 참조).

그런데 탄핵소추의 의결을 받은 자는 헌법 제65조 제3항에 따라 탄핵심판이 있을 때까지 그 권한행사가 자동적으로 정지되므로, 일단 국회에서 탄핵소추가 의결되면 헌법재판소의 결정이 있을 때까지 최소 수개월 간의 권한행사가 정지된다. 권한대행자 등이 피소추자의 권한을 계속 행사할 수 있다고 하더라도, 권한대행이라는 한계로 인하여 피소추자의 본래 업무를 그와 동등한 수준으로 수행하기는 현실적으로 어렵고 기존에 본인이 담당하던 업무에 더하여 피소추자의 업무를 함께 수행하게 되어 업무과 중으로 인한 어려움도 발생하게 된다. 고위공직자가 수행하는 업무가 국가적으로 중요하다는 점을 고려하면 그 권한행사의 정지로 인한 업무 공백은 국가와 국민에게 큰 손해를 발생시킬 수도 있다.

그럼에도 불구하고 우리 헌법이 탄핵소추가 되면 피소추자의 권한행사가 정지되도록 규정하고 있는 것은 그만큼 피소추자의 법 위반 행위가 중대할 경우를 상정하고 있기 때문이다. 따라서 국회가 탄핵소추사유의 위헌·위법성에 대하여 심사숙고한 후 신중하게 탄핵소추권을 행사하지 아니하고, 법 위반의 의혹에만 근거하여 탄핵심판제도를 오로지 정부에 대한 정치적 압박수단으로 이용하는 것은 탄핵심판제도의 본래적 취지에 부합한다고 보기 어렵다.

피청구인의 임기가 개시된 후부터 이 사건 계엄 선포 전까지 더불어민주당 국회의원들은 행정안전부장관 1인, 검사 12인, 방송통신위원회 위원장 3인 및 그 직무대행 1인, 감사원장 1인에 대하여 재발의를 포함한 합계 22건의 탄핵소추안을 발의하였다. 이는 국회가 탄핵소추사유의 위헌·위법성에 대해 숙고하지 않은 채 법 위반의 의혹에만 근거하여 탄핵심판제도를 정부에 대한 정치적 압박수단으로 이용하였다는 우려를 낳았다.

다만 이 사건 계엄 선포 전 위 22건의 탄핵소추안 중 6건은 철회되었고, 3건은 폐기되었다. 5건은 본회의에서 가결되어 탄핵소추가 이루어졌으나, 그 중 3건에 대하여 헌법재판소는 이미 기각결정을 선고한 상태였다. 이처럼 탄핵소추안이 이미 철회 또는 폐기되었거나 헌법재판소의 기각결정이 선고된 경우, 당초의 탄핵소추안 발의 또는 탄핵소추의결이 이 사건 계엄 선포 당시의 국가의 존립이나 헌법질서, 사회질서, 행정 및 사법 기능의 수행에 미칠 수 있는 영향은 제한적이다.

또한 더불어민주당 소속 국회의원들이 탄핵소추를 추진하거나 탄핵소추안을 발의하더라도 실제로 탄핵소추가 이루어지는지 여부는 국회의 심의·의결 결과에 따라 결정되는 것이므로, 단순히 탄핵소추를 추진하고 있다거나 탄핵소추안을 발의하여 국회에서 심사 중이라는 이유로 중대한 위기상황이 현실적으로 발생하였다고 보기는 어렵다.

나아가 탄핵소추가 의결되어 피소추자의 권한행사가 정지됨으로써 권한대행자 등이 피소추자의 권한을 탄핵소추 전과 동등한 수준으로 행사할 것을 현실적으로 기대하기 어려웠다고 하더라도, 그것만으로 곧바로 행정 및 사법 기능의 수행이 현저히 곤란하게 되었다고 인정하기는 어렵다. 특히 이 사건 계엄 선포 당시에는 검사 1인 및 방송통신위원회 위원장에 대한 탄핵심판절차만이 진행 중이었는데, 검사 1인 및 방송통신위원회 위원장의 권한행사가 정지된 상황을 두고 국가의 행정 및 사법 기능의 수행이 현저히 곤란한 상황이 발생하였다고 평가할 수는 없다.

헌법재판소는 국회의 탄핵심판청구가 부적법하거나 탄핵사유가 인정되지 않는 경우 그 청구를 각하하거나 기각할 수 있으므로, 국회의 탄핵소추의결이 평상시의 헌법질서에 따른 권력행

사방법으로 대처할 수 없는 국가비상사태를 발생시킨다고 볼 수
도 없다.

나) 더불어민주당의 법안 추진·반대 및 국회의 입법권 행사

피청구인은 더불어민주당이 위헌적인 특별검사 임명 등에 관
한 법률안을 35회 발의하고, 당대표 이재명을 위한 공직선거법
개정안 등 방탄 입법, 국가보안법의 폐지, 국익에 반하고 비상식
적인 방위사업법 개정안, 형법 개정안, 형사소송법 개정안 등을
추진하며, '국회에서의 증언·감정 등에 관한 법률' 개정안, 양곡
관리법 개정안, '노동조합 및 노동관계조정법' 개정안, 방송법 개
정안, 방송문화진흥회법 개정안, 한국교육방송공사법 개정안 등
재정 부담이 크거나, 위헌 소지가 있거나, 정치적 편향성이 높은
법률안들을 일방적으로 통과시키고, 간첩죄의 처벌 대상을 확대
하는 내용의 형법 개정안과 민생 및 경제활성화 등을 위한 정부
추진 법안에 대하여 반대함으로써 헌정질서를 교란시켰다고 주
장한다.

그러나 법률안은 국회에서의 심의·의결, 대통령의 법률안 공
포 등의 절차를 거쳐 법률로서 확정되어야 그 효력이 발생되는
것이므로(헌법 제53조), 더불어민주당 소속 국회의원들이 어떠한
법률안을 발의하기 위하여 준비 중에 있다거나, 발의하여 국회에
서 심사 중이라는 이유로 중대한 위기상황이 현실적으로 발생하
였다고 판단하는 것은 그 합리성을 인정하기 어렵다. 피청구인이
언급하고 있는 법률안 중에는 이미 제21대 국회의 임기만료로 인
하여 폐기된 법률안도 포함되어 있는데, 이미 폐기된 법률안이 이

사건 계엄 선포 당시의 국가의 존립이나 헌법질서, 사회질서, 행정 및 사법 기능의 수행에 영향을 미치고 있었다고 보기 어렵다.

또한 헌법은 피청구인에게 국회의 입법권 행사를 통제할 수 있는 권한을 부여하고 있다. 즉, 대통령은 국회에서 의결된 법률안의 공포를 15일 동안 보류할 수 있고, 법률안에 이의가 있을 때에는 그 기간 내에 재의를 요구할 수 있다. 대통령의 재의 요구가 있을 때 국회는 재의에 붙이는데, 재적의원 과반수의 출석과 출석의원 3분의 2 이상의 찬성으로 전과 같은 의결을 하여야 그 법률안을 법률로 확정시킬 수 있다(헌법 제53조 제1항 내지 제4항).

피청구인은 더불어민주당이 그 소속 국회의원들이 발의한 법률안 또는 그와 같은 법률안이 반영된 소관 위원회 대안을 일방적으로 가결시켜 중대한 위기상황이 발생하였다고 주장하나, 피청구인이 지적하고 있는 법률안 중 상당수 법률안에 대하여 피청구인이 재의를 요구하여 이 사건 계엄 선포 당시 이미 재의가 부결된 상태였다. 나머지 법률안들 역시 피청구인이 재의를 요구하거나 그 공포를 보류함으로써 그 효력이 발생하지 않은 상태였고, 이 사건 계엄 선포 이후 이루어진 재의 요구에 따른 재의에서 모두 부결되었다. 결국 이 사건 계엄 선포 당시 피청구인은 본회의에서 가결된 위 법률안들에 대하여 재의를 요구하거나 이를 공포하지 않음으로써 그 효력이 발생되는 것을 막고 있었으므로, 위 법률안들에 대한 국회의 의결로 평상시의 헌법질서에 따른 권력행사방법으로 대처할 수 없는 국가비상사태가 발생하였다고 볼 수 없다.

피청구인은 더불어민주당이 간첩죄의 처벌 대상을 확대하는 내용의 형법 개정안과 민생 및 경제활성화 등을 위한 정부 추진 법안에 대하여 반대하였다는 점도 이 사건 계엄 선포의 사유로 들고 있다. 그러나 더불어민주당 소속 국회의원들도 외국 등을 위하여 간첩한 자도 처벌하는 등으로 간첩죄의 처벌 대상을 확대하는 내용의 형법 개정안들을 발의하였고, 2024. 11. 13. 법제사법위원회 법안심사제1소위원회에서는 간첩죄의 처벌 대상을 확대하는 내용의 여당 및 야당 소속 국회의원 발의 형법 개정안들을 반영한 대안을 제안하기로 심사되었으므로, 더불어민주당이 위와 같은 형법 개정안에 반대하였다고 보기 어렵다. 또한 앞에서 살펴본 것처럼 비상계엄은 외적의 침입, 집단 또는 군중에 의한 사회질서교란 등으로 인하여 중대한 위기상황이 현실적으로 발생한 경우에 이를 사후적으로 수습함으로써 기존질서를 유지·회복하기 위하여 선포할 수 있을 뿐, 그와 같은 위기상황이 발생할 우려가 있는 상태 또는 기존질서가 유지되고 있는 상태에서는 선포할 수 없다. 그러므로 간첩죄 관련 형법 조항이 더 신속하게 개정되지 않아 안보 불안의 염려가 있다거나 더불어민주당이 정부 추진 법안에 반대하여 피청구인이 공공복리의 증진을 위하여 수립한 각종 정책 추진에 차질이 발생하였다는 이유만으로는 비상계엄 선포를 정당화할 수 없다.

다) 국회의 2025년도 예산안 심의

피청구인은 국회가 2025년도 예산안 중 대통령비서실 및 국가안보실, 경찰의 특수활동비, 검찰의 특수활동비 및 특정업무경비, 장거리 함대공 유도탄(SM-6) 사업, 접적지역 대드론 통합체계 사업, 전술 데이터링크 시스템 성능 개량 사업 등 예산을 감액하여 마약 천국, 민생 치안 공황 상태로 만들고 안보 공백을 초래하였으며, 주요 예산을 전액 삭감하여 국가의 본질적 기능이 훼손되었다고 주장한다.

국회 예산결산특별위원회는 2024. 11. 29. 2025년도 세출예산안을 감액하기로 의결하였다. 과거에는 감액이 있으면 그 범위에서 증액에 대해서도 심사하여 반영되어 왔으나, 헌정 사상 최초로 야당이 주도하여 국회 예산결산특별위원회에서 증액 없이 감액에 대해서만 의결이 이루어졌고, 그 주요 내용은 다음과 같다.

첫째, 대통령비서실 및 국가안보실과 경찰청의 특수활동비, 검찰과 감사원의 특수활동비 및 특정업무경비 예산 전액이 각 감액되었고, 이 가운데는 검찰의 국민생활침해범죄 수사, 사회적 약자 대상 범죄 수사, 마약 수사, 사회공정성 저해사범 수사, 공공수사, 형사부 등 수사지원 관련 특수활동비와 특정업무경비가 포함되어 있었다.

둘째, 예비비도 상당 부분 감액되었다.

셋째, '유전개발사업출자' 사업(일명 '대왕고래 프로젝트') 관련 예산, '민관합작선진원자로 수출기반구축(R&D)' 사업 관련 예산, '개인기초연구(R&D)(글로벌 매칭형)' 사업 관련 예산이 각 대폭 삭감되었으며, '양자과학기술글로벌파트너십선도대학지원(R&D)' 사업 관련 예산, '바이오·의료기술개발(R&D)' 사업 관련 예산, '전공의 수련환경 혁신지원' 사업 관련 예산도 각 감액되었다.

그러나 2025년도 예산안은 정부가 2025년에 지출할 예산에 관한 것이므로, 2024년 예산을 집행하고 있었던 이 사건 계엄 선포 당시에는 국가의 존립이나 헌법질서, 사회질서, 행정 및 사법 기능의 수행에 현실적으로 영향을 미치고 있었다고 볼 수 없다.

더욱이 이 사건 계엄 선포 당시 국회는 정부가 제출한 2025년도 예산안을 심의하고 있었을 뿐, 이에 관하여 본회의 의결이 이루어진 상태도 아니었다. 국회 예산결산특별위원회에서 2025년도 세출예산안을 감액하는 내용의 수정안이 2024. 11. 29. 가결되었으나, 2024. 12. 2. 국회의장의 요청으로 본회의 의결로 나아가지 아니하고 2024. 12. 10.까지 여당과 야당이 계속하여 예산안에 관한 논의를 진행하기로 한 상황이었다. 국회의 예산안 심의가 완료되지 않은 상황에서 예산결산특별위원회의 감액 의결이 있었다는 이유만으로 중대한 위기상황이 현실적으로 발생하였다고 보기 어렵고, 본회의에서 그대로 의결될 경우 장래의 치안 불안 등이 염려된다는 이유만으로는 비상계엄 선포를 정당화할 수 없다. 정부에서 관련 자료를 제출하고 여당과 야당이 추가적으로 예산안을 심의함으로써 대응할 수 있는 상황을 두고 평상시의 헌법질서에 따른 권력행사방법으로 대처할 수 없는 국가비상사태가 발생하였다고 평가할 수도 없다.

국회 예산결산특별위원회는 2025년도 세출예산안 중 4.1조 원을 감액하는 내용으로 의결하였는데, 2023년에는 4.7조 원이, 2022년에는 13.8조 원이 국회 본회의 의결로 감액된 점, 감액된 4.1조 원 중 1.4조 원은 예측할 수 없는 예산 외의 지출 또는 예산

초과지출에 충당하기 위한 일반예비비이고(국가재정법 제22조 제1
항), 0.5조 원은 공공자금관리기금 예수이자 상환을 위한 금액인
점 등을 고려하면, 주요 예산을 전액 삭감하여 국가의 본질적 기
능이 훼손되었다는 피청구인의 주장 역시 그 합리성을 인정하기
어렵다.

피청구인은 원전산업, 동해 심해 가스전 개발 사업, 각종 기술
개발산업, 복지사업 등의 예산 일부가 감액된 점도 지적하고 있
다. 그러나 앞에서 살펴본 것처럼 중대한 위기상황이 현실적으
로 발생하여 기존질서를 유지·회복할 필요가 있는 경우가 아니
라 기존질서가 유지되고 있는 상태에 불과한 경우에는 비상계엄
을 선포할 수 없는 것이므로, 피청구인이 추진하고자 한 위와 같
은 사업 수행에 차질이 예상된다는 이유만으로는 비상계엄 선포
를 정당화할 수 없다.

한편, 피청구인이 야당이 일방적으로 감액하였다고 주장하는
장거리 함대공 유도탄(SM-6) 사업 예산에 대하여는 상임위원회
예산결산심사소위원회에서 미국 측의 무기 개발 절차가 지연되
어 감액이 필요하다는 여야 간의 합의가 있었고, 접전지역 대드
론 통합체계 사업 예산에 대하여도 주파수를 확보하지 못하여 감
액이 필요하다는 여야 간의 합의가 있었다. 그 외에도 피청구인
이 야당이 일방적으로 감액하였다고 주장하는 사업 예산 중 전술
데이터링크 시스템 성능 개량 사업, 아이돌봄수당, 청년고용지원
인프라운영 사업 등 상당 부분에 대하여 상임위원회 예산결산심
사소위원회에서 감액하기로 하는 여야 간의 합의가 있었고, 군

간부 처우개선을 위한 당직근무비 인상 예산 등은 당초 정부안에 포함되어 있지 않았다. 이러한 점에 비추어 보면 피청구인의 예산 관련 일부 주장은 타당하다고 볼 수 없다.

라) 그 밖의 더불어민주당의 활동

피청구인은 그 외에도 더불어민주당이 200회에 달하는 대통령 퇴진, 탄핵 집회를 열어왔고, 4대 개혁에 반대하였으며, UN 대북 제재를 풀어야 한다고 주장하거나 한·미·일 동해 합동 훈련을 전쟁 유발 행위이자 극단적 친일 행위로 매도하는 등 안보에 위협을 가하였고, 가짜뉴스를 수없이 생산하고 살포하는 등으로 국가 사회를 혼란에 빠뜨렸으며, 당대표인 이재명의 형사 사건과 관련하여 법원과 검찰청 인근에서의 시위를 권장하거나 헌법재판소의 구성을 방해하는 등으로 사법권이 정상적으로 작동할 수 없게 하였다고 주장한다. 또한 피청구인은 더불어민주당의 목적이나 활동이 민주적 기본질서에 위배되므로 헌법 제8조 제4항에 따라 정당해산심판을 받아야 할 상황이라고도 주장한다.

오늘날 민주주의 체제는 기본적으로 대의제를 채택하고 있고, 다양한 정치적 이념과 가치관을 추구하는 여러 정당들이 사회의 공적인 갈등과 정치적 문제를 둘러싸고 각자의 대안과 해법을 제시하는 과정에서 다수 국민의 지지를 얻는 정당으로 하여금 주어진 시한 속에서 국정의 주도권을 행사하도록 보장하는 절차로 운영된다. 논리와 정당성의 우위를 통해 지지를 확보하려는 정당들의 경쟁 속에서 사회의 민주적 발전을 이룩하고자 하는 복수정당 체제가 그 기본바탕이 된다(헌재 2014. 12. 19. 2013헌다1 참조). 따라서 대통령 및 여당과 다른 정치적 이념과 가치관을 추구하는 야당이 정부를 비판하고 견제하는 역할을 하는 것은 민주주의 체제에서 반드시 보장되어야 할 정당의 활동에 속한다.

더불어민주당이 피청구인과 다른 정치적 견해를 표시하거나, 피청구인의 정책을 비판하고 피청구인의 권한행사를 견제하거나, 피청구인의 퇴진을 요구하는 것은 헌법상 보장되고 있는 대의민주주의와 복수정당 체제를 고려할 때 비상계엄을 정당화할 수 있는 이유가 될 수 없다.

피청구인의 주장과 같이 더불어민주당이 허위사실을 공표하는 등의 행위를 하였다고 하더라도, 그 행위가 초래할 수 있는 사회·정치적 혼란은 현행법이 마련하고 있는 국민의 자유롭고 공정한 토론을 보장하기 위한 다양한 제도적 장치를 통하여 충분히 대처할 수 있는 것이므로(형법 제307조 제2항, 공직선거법 제82조의4, 제96조, 제110조, 제110조의2, 제250조 등), 그와 같은 행위가 평상시의 헌법질서에 따른 권력행사방법으로 대처할 수 없는 국가비상사태를 발생시킨다고 볼 수 없다. 피청구인은 더불어민주당 대표 이재명이 자신의 형사 사건에서 재판 지연 전략을 쓰거나 법원과 검찰청 인근에서의 시위를 권장하고, 더불어민주당이 헌법재판소의 구성을 방해하는 등으로 사법권이 정상적으로 작동할 수 없게 하였다고도 주장하나, 그것이 사실이라고 하더라도 그로 인하여 전시·사변에 준하는 국가비상사태로 사회질서가 극도로 교란되어 사법 기능의 수행이 현저히 곤란한 상황이 발생하였다고 볼 수 없다.

나아가 피청구인의 주장처럼 더불어민주당의 목적이나 활동이 민주적 기본질서에 위배된다고 하더라도, 그와 같은 사유는 비상계엄 선포를 정당화할 수 없다. 헌법 제8조 제4항의 정당해산심판제도는 모든 정당, 특히 그 중에서도 정부를 비판하는 역할을 하는 야당의 존립과 활동은 최대한 보장되며, 설령 어떤 정당이 민주적 기본질서를 부정하고 이를 적극적으로 공격하는 것으로 보인다 하더라도 국민의 정치적 의사형성에 참여하는 정당으로서 존재하는 한 우리 헌법에 의해 최대한 두텁게 보호되므로, 단순히 행정부의 통상적인 처분에 의해서는 해산될 수 없고, 오직 헌법재판소가 그 정당의 위헌성을 확인하고 해산의 필요성을 인정한 경우에만 정당정치의 영역에서 배제된다는 헌법제정자의 규범적 의지를 표현한 것이기 때문이다(헌재 2014. 12. 19. 2013헌다1 참조).

마) 부정선거 등

① 피청구인은 부정선거 의혹을 해소하기 위하여 이 사건 계엄을 선포하였다고도 주장하나, 단순히 어떠한 의혹이 있다는 것만으로 전시·사변에 준하는 국가비상사태로 사회질서가 극도로 교란되어 행정 및 사법 기능의 수행이 현저히 곤란한 상황이 발생하였다고 볼 수는 없다.

피청구인은 선관위가 헌법기관이고 사법부 관계자들이 위원으로 있어 영장에 의한 압수·수색이나 강제수사가 사실상 불가능하여 달리 부정선거 의혹을 해소할 방법이 없었다는 취지로 주장하나, 선관위는 선거소송에서 법원의 현장검증에 응하여 왔고 수사기관의 압수·수색에도 응하여 왔다. 부정선거 의혹은 선거소청 또는 선거소송을 통하여 해소할 수 있고(공직선거법 제219조, 제222조), 공직선거법은 법령에 의하지 아니하고 투표함을 열거나 투표를 위조하거나 그 수를 증감하는 등의 경우에 처벌하도록 규정하고 있으므로(공직선거법 제243조, 제249조 등) 이러한 의혹에 관하여는 형사 절차를 통하여 실체적 진실을 밝힐 수 있다.

한편 피청구인은 선관위가 국가정보원(이하 '국정원'이라 한다)의 보안점검을 받으면서 전체 시스템 장비의 약 5% 정도만 점검에 응하였고 나머지는 불응하였다고 주장한다. 그러나 선관위는 2023. 7.경부터 2023. 9.경까지 국정원의 보안점검을 받으면서 점검 대상으로 요청된 장비를 전부 제공하였다. 피청구인이 주장하고 있는 의혹 중에는 2020년 실시한 제21대 국회의원선거에서 접힌 흔적이 없는 투표지, 접착제가 묻어 있는 투표지, 투표관리관인 인영이 뭉개진 투표지 등 의혹이 제기되어 이미 검증·감정을 거쳐 법원의 확정 판결로 그 의혹이 해소된 것들도 포함되어 있다(대법원 2022. 7. 28. 선고 2020수30 판결; 대법원 2022. 7. 28. 선고 2020수5028 판결 등 참조).

피청구인은 2024년 4월 총선을 앞두고 문제 있는 부분에 대한 개선을 요구했지만, 제대로 개선되었는지는 알 수 없다고도 주장한다. 그러나 중앙선관위는 2023. 10. 10. 보안패치, 취약 패스워드 변경, 통합선거인명부 DB서버 접근 통제 강화 등 보완이 시급한 사항에 대한 조치를 완료하였다는 내용의 보도자료를, 2023. 11. 2. 그 밖의 주요 취약점은 제22대 국회의원선거 전까지

예산당국의 협조를 통해 개선을 완료할 것이라는 내용의 보도자
료를, 2024. 3. 11. 보안점검에서 지적되었던 취약점은 대부분 조
치하였다는 내용의 보도자료를 홈페이지에 게시 및 배포하였다.
중앙선관위는 제22대 국회의원선거 실시 전에 정보보안 업무 담
당자의 PC만이 선거 서버에 접근할 수 있도록 하는 등으로 보안
을 강화하였고, 부정선거 의혹을 해소하기 위하여 사전·우편투
표함 보관장소 CCTV 영상을 24시간 공개하고 개표 과정에 수검
표 제도를 도입하는 등의 조치를 취하였으며, 정당 참관인의 입
회하에 두 차례 국정원과 합동으로 이행 여부 현장점검을 시행하
였다.

　이러한 상황을 고려해보면 피청구인의 이 부분 주장은 타당
하다고 볼 수 없다.

　② 피청구인은 이 사건 계엄 선포 당시 우리나라가 북한 및 중
국, 러시아와 같은 사회주의, 전체주의 국가들이 종래의 재래식
무기를 사용한 전면전 이외에 비정규전, 테러, 심리전, 여론전, 사
이버전 등 동원 가능한 모든 수단을 전개 가능한 모든 영역에서
사용하여 공격하는 이른바 '하이브리드전' 상황이었다고도 주장
한다. 그러나 피청구인이 주장하는 사정들만으로는 단순한 추상
적인 가능성을 넘어서서 이 사건 계엄 선포 당시 비군사적 공격
으로 인하여 평상시의 헌법질서에 따른 권력행사방법으로 대처
할 수 없는 중대한 위기상황이 발생하였다고 판단할 만한 객관적
인 정황이 있었다고 인정할 수 없고, '하이브리드전'과 같은 비군
사적 공격에 대하여 국회에 병력을 동원하여 대응할 수 있는 것

3) 소결

결국 피청구인이 더불어민주당과 관련하여 주장하는 사정들은 더불어민주당 소속 국회의원들이 국민의 대표로서 헌법상 부여받은 법률안 제출권, 법률안 심의·표결권을 행사하거나, 국회가 국민의 대표기관으로서 헌법상 부여받은 탄핵소추권, 입법권, 예산안 심의·확정권을 행사하거나, 더불어민주당이 헌법상 보장된 정당의 자유를 행사한 것에 해당한다. 그로 인하여 피청구인의 국정 운영에 상당한 지장이 초래되었다고 하더라도, 이는 대통령제를 채택하고 있는 우리나라에서 이른바 여소야대 정국이 형성되는 경우 국회에서 다수의 지위를 점하고 있는 야당이 헌법 및 법률에 따라 국회에 부여된 정부에 대한 견제권을 최대한 행사함으로써 발생할 수 있는 상황이므로, 이를 국가긴급권의 발동이 요청되는 국가비상사태라고 볼 수는 없다. 헌법은 국회의원 및 국회에 각종 권한을 부여하고 정당의 자유를 인정하면서도 그 권한의 남용과 자유의 한계를 벗어난 행위를 통제할 수 있는 장치를 스스로 마련하고 있으므로, 피청구인은 헌법이 대통령에게 부여한 평상시의 권력행사방법으로 대처하였어야 한다.

그밖에 피청구인이 주장하는 부정선거 의혹, 이른바 '하이브리드전' 상황들을 모두 고려하더라도, 전시·사변에 준하는 국가비상사태로 사회질서가 극도로 교란되어 행정 및 사법 기능의 수행이 현저히 곤란한 상황이 발생하였다는 피청구인의 판단을 객관적으로 정당화할 수 있을 정도의 위기상황이 이 사건 계엄 선포 당시 존재하였다고 볼 수 없으므로, 위와 같은 피청구인의 판단은 현저히 비합리적이거나 자의적인 것으로 볼 수밖에 없다.

(다) 병력 동원의 필요성 인정 여부

비상계엄은 병력으로써 군사상의 필요에 응하거나 공공의 안녕질서를 유지할 필요가 있는 경우에만 선포할 수 있다(헌법 제77조 제1항). 따라서 병력의 동원이 위기상황을 수습하는 데에 적합하지 않거나 경력(警力)만으로 위기상황이 수습될 수 있는 경우에는 비상계엄을 선포할 수 없다.

피청구인이 주장하는 국회의 권한행사로 인한 국익 저해 및 국정 마비 상태는 정치적·제도적 수단을 통하여 해결하여야 할 문제이지 병력을 동원하여 해결할 수 있는 것이 아니다. 헌법 역시 비상계엄이 선포된 때에도 '정부나 법원'의 권한에 관하여 특별한 조치를 할 수 있도록 규정하고(제77조 제3항), 국회만큼은 계속하여 그 권한을 행사함을 전제로 국회에 계엄해제요구권을 부여하고 있다(제77조 제5항). 또한 앞에서 살펴본 것처럼 부정선거 의혹은 사법절차를 통하여 해소할 수 있는 것이므로, 이를 해소하기 위해서 병력을 동원할 필요가 있다고 볼 수도 없다.

한편 피청구인은 이 사건 계엄이 야당의 전횡과 국정 위기상황을 국민에게 알리고 호소하기 위한 '경고성 계엄', '호소형 계엄'이었다고 주장하고 있다. 병력 투입은 여타 수단들을 모두 고려한 후 최후 수단으로 사용되어야 한다는 점에서, 피청구인은 먼저 대국민담화 등을 통해, 이로써도 부족하다면 탄핵 제도 등에 대한 헌법개정안 발의(헌법 제128조 제1항)나 국가안위에 관한 중요

정책에 대한 국민투표부의권 행사(헌법 제72조)를 통하여 국민의 관심을 모으고 이러한 위기상황을 알려 경고와 호소를 할 수도 있었다.

따라서 이 사건 계엄 선포 당시 병력으로써 군사상의 필요에 응하거나 공공의 안녕질서를 유지할 필요가 있었다고 볼 수 없으므로, 이 점에 있어서도 이 사건 계엄 선포는 비상계엄 선포의 실체적 요건을 갖추지 못하였다.

(라) 계엄법 제2조 제2항이 정한 목적의 인정 여부

비상계엄 선포의 목적은 군사상 필요에 따르거나 공공의 안녕질서를 유지하기 위한 것이어야 한다(계엄법 제2조 제2항). 즉, 비상계엄은 중대한 위기상황이 현실적으로 발생하였을 때, 위기상황에서 비롯된 군사상 필요에 따르거나 위기상황으로 인하여 훼손된 공공의 안녕질서를 유지·회복하기 위한 목적으로만 선포될 수 있다.

피청구인은 이 사건 계엄이 야당의 전횡과 국정 위기상황을 국민에게 알리고 호소하기 위한 목적으로 즉각적인 해제를 전제로 하여 잠정적·일시적 조치로서 선포된 '경고성 계엄' 또는 '호소형 계엄'이라고 주장하는데, 이러한 주장만으로도 피청구인이 이 사건 계엄을 중대한 위기상황에서 비롯된 군사상 필요에 따르거나 위기상황으로 인하여 훼손된 공공의 안녕질서를 유지하기 위하여 선포한 것이 아님을 알 수 있다. 또한 뒤에서 보는 것처럼 피청구인은 이 사건 계엄을 선포하는 것에 그치지 않았다. 피청구인은 헌법의 근본원리를 위반하고 국민의 기본권을 광범위하게 침해하는 이 사건 포고령을 발령하게 하였다. 피청구인은 국회의 헌법상 권한행사를 막을 의도로 국회에 경력(警力)을 투입시켜 국회 출입을 통제하였고, 병력을 투입시켜 본회의장에서 국회의원들을 끌어내라고 지시하였으며, 정당의 활동을 제약할 의도로 주요 정치인에 대한 필요시 체포할 목적의 위치 확인 지시에 관여하였다. 피청구인은 병력을 동원하여 부정선거 의혹을 해소하기 위한 목적으로 중앙선관위를 압수·수색할 것을 지시하였고, 필요시 체포할 목적으로 행해진 법조인에 대한 위치 확인 지시에도 관여하였다. 이에 더하여 피청구인이 계엄해제에 적어도 며칠 걸릴 것으로 예상하였는데 예상보다 빨리 끝났다고 밝힌 점, 이 사건 계엄이 경고성이라는 점을 국무회의의 구성원들이나 군인들에게 알리지 않은 점 등을 고려하면, 피청구인이 단순히 국민에게 호소하기 위한 목적으로 이 사건 계엄을 선포한 것으로 볼 수는 없다.

'경고성 계엄' 또는 '호소형 계엄'이라는 것은 존재할 수 없다. 비상계엄이 선포되는 즉시 피청구인은 평상시에 허용되는 범위를 넘어서서 국민의 기본권을 제한하고 정부나 법원의 권한에 관하여 특별한 조치를 할 권한을 보유하게 된다(헌법 제77조 제3항). 피청구인의 별도의 지시가 없더라도 계엄법에 따라 계엄업무를 시행하기 위하여 계엄사령부가 구성되고(제5조 제2항), 계엄사령관은 계엄지역의 모든 행정사무와 사법사무를 관장하면서 행정기관 및 사법기관을 지휘·감독하게 된다(제7조 제1항, 제8조 제1항). 중대한 위기상황을 병력으로써 극복하는 것이 비상계엄의 본질이므로, 그 선포는 단순한 경고에 그칠 수 없는 것이다. 따라서 이 사건 계엄이 '경고성 계엄' 또는 '호소형 계엄'에 불과하다는 피청구인의 주장은 받아들일 수 없다.

(마) 소결

이 사건 계엄 선포는 헌법 제77조 제1항 및 계엄법 제2조 제2항을 위반한 것이다.

(2) 비상계엄 선포의 절차적 요건 위반 여부

(가) 비상계엄 선포 절차의 헌법적 의의

헌법은 직접 계엄 선포의 절차를 구체적으로 규정하면서 법률이 정하는 바에 의하여 계엄을 선포하도록 규정하고 있다. 앞에서 살펴본 것처럼 국가긴급권의 행사는 권력의 집중과 평상시 권력 통제 장치의 부분적 해제를 수반하므로, 이를 남용 또는 악용하는 경우 헌법적 가치와 국민의 기본권이 침해될 위험이 있다. 이에 헌법은 국가긴급권의 남용과 악용을 방지하기 위하여 직접 국가긴급권의 발동 절차를 분명히 한 것이다(헌재 1994. 6. 30. 92헌가18; 헌재 1996. 2. 29. 93헌마186 참조).

피청구인은 이 사건 계엄이 야당의 전횡과 국정 위기상황을 국민에게 알리고 호소하기 위한 목적으로 즉각적인 해제를 전제로 하여 잠정적·일시적 조치로서 선포된 '경고성 계엄' 또는 '호소형 계엄'이고, 고도의 보안성과 긴급성을 필요로 하므로, 절차 규정을 탄력적으로 해석할 필요가 있다고 주장한다.

그러나 앞에서 살펴본 것처럼 피청구인이 이 사건 계엄에 수반하여 행한 일련의 헌법 및 법률 위반 행위들 및 비상계엄의 선포는 그 본질상 경고에 그칠 수 없다는 점을 고려하면, 이 사건 계엄이 단순히 '경고성 계엄' 또는 '호소형 계엄'에 불과하다고 볼 수 없다. 또한 입헌주의 법치국가에서 국가권력은 언제나 헌법의 테두리 안에서 헌법에 규정된 절차에 따라 행사되어야 하는 점, 계엄 선포권의 남용 또는 악용이 헌법질서에 초래할 수 있는 해악이 매우 중대하고, 헌법은 이를 방지하기 위하여 직접 계엄 선포의 절차를 구체적으로 규정하면서 법률이 정하는 바에 의하여 계엄을 선포하도록 규정한 것인 점, 헌법과 법률이 정한 절차를 준수한다고 하여 보안성과 긴급성을 해한다고 보기 어려운 점 등을 고려하면, 계엄 선포 절차에 관한 규정을 탄력적으로 해석하여야 한다는 피청구인의 주장은 받아들일 수 없다.

따라서 피청구인은 이 사건 계엄을 선포함에 있어서 헌법과 법률이 정한 비상계엄 선포의 절차를 모두 준수하였어야 할 것인데, 아래에서 보는 것처럼 피청구인은 이를 준수하지 못하였다.

(나) 국무회의 심의 절차 준수 여부

1) 계엄의 선포 및 계엄사령관의 임명은 국무회의의 심의를 거쳐야 한다(헌법 제89조 제5호, 계엄법 제2조 제5항, 제5조 제1항).

국무회의는 대통령·국무총리와 국무위원으로 구성되고(헌법 제88조 제2항), 대통령은 국무회의 의장으로서(헌법 제88조 제3항), 회의를 소집하고 이를 주재한다(정부조직법 제12조 제1항). 국무회의는 구성원 과반수의 출석으로 개의하는데(국무회의 규정 제6조),

이 사건 계엄 선포 당시 과반수는 11명 이상이다. 국무회의의 '심의'란 대통령·국무총리·국무위원이 안건에 대한 자유로운 발언과 토론을 통하여 의견을 교환하거나 조정하는 것을 말한다. 국무회의는 대통령이 정책을 결정하기에 앞서 그에 관한 다양한 관점과 이익을 반영한 논의가 이루어지도록 함으로써 정책결정에 신중을 기하고 대통령의 전제나 독선을 방지하는 것에 그 의의가 있다.

2) 앞에서 살펴본 것처럼 피청구인이 이 사건 계엄을 선포하기 직전에 국무총리 및 9명의 국무위원에게 이 사건 계엄 선포의 취지를 간략히 설명한 사실은 인정된다. 그러나 모든 국무위원은 국무회의의 구성원으로서 국정을 심의할 권한과 책임이 인정됨에도 불구하고(헌법 제87조 제2항), 문화체육관광부장관 유인촌, 환경부장관 김완섭, 고용노동부장관 김문수, 국가보훈부장관 강정애는 대통령실로 들어오라는 연락을 받지 못한 점, 연락을 받은 국무위원들도 국무회의를 개최한다는 연락이 아니라 대통령실로 들어오라는 연락을 받은 점 등을 고려하면, 일부 국무위원들에게 대통령실로 들어오라고 연락한 것만으로 적법한 국무회의 소집 통지가 있었다고 인정하기 어렵다.

나아가 중소벤처기업부장관 오영주가 마지막으로 도착하고 피청구인이 이 사건 계엄을 선포하러 대접견실에서 나가기까지 걸린 시간은 5분 정도에 불과하였던 점, 개의 선포, 의안 상정, 제안 설명, 토의, 산회 선포, 회의록 작성 등 통상적인 국무회의 절차에 따라 회의가 진행되지 않은 점, 피청구인은 계엄의 필요성,

시행일시, 계엄사령관 등 이 사건 계엄의 구체적인 내용을 설명하지 않았고, 국무총리 및 국무위원들에게 이 사건 계엄 선포에 관하여 의견을 진술할 기회를 부여하지 않은 점, 회의에서 비상계엄 선포의 실체적 요건 구비 여부 등에 관하여 실질적인 검토와 논의가 이루어지지 않은 점 등 당시의 상황을 종합적으로 고려하면, 위 참석자들 사이에 이 사건 계엄 선포에 관한 '심의'가 이루어졌다고 보기도 어렵다.

피청구인은 2024. 12. 3. 20:30경부터 순차적으로 대통령실로 들어온 국무총리와 국무위원들이 이 사건 계엄에 대하여 논의하였으므로 실질적인 심의 과정이 존재하였다고 주장한다. 그러나 국방부장관 김용현, 통일부장관 김영호, 외교부장관 조태열, 법무부장관 박성재, 행정안전부장관 이상민 외의 다른 국무위원들에 대한 대통령실로 들어오라는 연락은 같은 날 21시가 넘어서야 이루어졌고, 보건복지부장관 조규홍 및 오영주는 22:17경에야 대통령실에 도착한 점, 국무회의의 의사정족수가 충족되지 못한 상황에서 일부 국무회의 구성원들이 의견을 나눈 것을 두고 국무회의의 심의로 평가할 수는 없는 점, 당시에도 피청구인이 이 사건 계엄의 구체적인 내용을 설명하거나 비상계엄 선포의 실체적 요건 구비 여부 등에 관하여 실질적인 검토와 논의가 이루어지지는 않았던 점, 미리 도착한 국무회의 구성원들의 논의 경과가 국무회의 의사정족수 충족 후에 다른 국무위원들에게 설명되었던 것도 아니고, 늦게 도착한 국무위원들은 의견 진술의 기회를 부여받지 못한 점 등을 고려하면, 피청구인의 위 주장은 받아들이

기 어렵다.

또한 피청구인은 김용현이 계엄의 종류, 계엄 일시, 계엄 지역, 계엄사령관이 적시된 비상계엄 선포문 10부를 대접견실에서 배포하였으므로 의안 상정 및 위 사항들에 대한 심의가 이루어진 것이라고도 주장하나, 김영호, 조태열, 조규홍, 오영주, 농림축산식품부장관 송미령, 기획재정부장관 최상목은 검찰에서 그러한 문서를 보지 못하였고 계엄사령관이 누구인지 몰랐다는 취지로 진술한 점, 국무총리 한덕수 역시 이 사건 제10차 변론기일에서 계엄사령관이 누구인지 몰랐으며 그에 관한 심의는 없었다고 증언한 점, 이상민은 이 사건 제7차 변론기일에서 비상계엄 선포문이 국무회의 구성원 11명이 모인 대접견실이 아닌 집무실 내 책상에 놓여있는 것을 보았다고 증언하였고, 경찰에서 당시 계엄사령관에 관한 이야기는 없었다고 진술한 점, 박성재는 국회에서 당시 자신의 자리 앞에 놓인 비상계엄 선포문 한 장을 보았으나 모든 참석자 앞에 놓인 것은 아니었고 그 내용에 관하여 논의가 이루어진 것도 아니었다는 취지로 진술한 점, 국정원장 조태용은 이 사건 제8차 변론기일에서 2024. 12. 3. 20:50경부터 대통령실에 있었으나 집무실이나 대접견실에서 비상계엄 선포문을 보지 못하였다고 증언한 점을 고려하면, 피청구인의 위 주장 역시 받아들이기 어렵다.

그렇다면 피청구인은 국무회의의 심의를 거치지 아니하고 이 사건 계엄을 선포하고 계엄사령관을 임명하였으므로, 헌법 제89조 제5호, 계엄법 제2조 제5항, 제5조 제1항을 위반하였다.

(다) 계엄 선포 절차 준수 여부

1) 계엄 선포는 문서의 형식으로 하여야 하며, 그 문서에는 국무총리와 관계 국무위원의 부서가 있어야 한다(헌법 제82조, 헌재 1996. 2. 29. 93헌마186 참조). 이는 대통령의 권한행사를 명확하게 하고 책임소재를 확실하게 하기 위하여 헌법상 요구되는 기관내부적 권력통제절차이다.

증거로 제출된 비상계엄 선포문과 한덕수, 이상민의 증언, 박성재의 국회에서의 진술을 종합하면, 이 사건 계엄 선포 당시 계엄의 종류, 계엄 일시, 계엄 지역, 계엄사령관이 적시된 비상계엄 선포문이 작성되었던 사실은 인정된다. 그러나 거기에 국무총리와 관계 국무위원이 부서한 사실은 인정되지 아니한다. 오히려 최상목, 조태열, 오영주의 검찰에서의 진술에 의하면 대접견실을 나가려고 하는데 어떤 직원이 문서에 참석자 서명을 하여야 한다고 하였으나 서명을 거부하였다는 사정이 엿보일 뿐이다. 이 사건 계엄 선포와 관련된 문서에 국무총리와 관계 국무위원이 부서하지 않았음에도 불구하고, 피청구인은 이 사건 계엄 선포를 하였으므로 헌법 제82조를 위반한 것이다.

피청구인은 극도의 보안이 요구되는 비상상황에서는 사후적으로 문서를 작성하고 결재하는 방식을 취할 수밖에 없는데, 이 사건 계엄 선포 이후 국방부가 아직 결재를 상신하지 않아 부서가 이루어지지 못한 것이므로 피청구인이 문서주의나 부서제도를 무시한 행위로 평가할 수는 없다고 주장한다. 그러나 피청구인은 이 사건 계엄 선포 전 대통령실 대접견실에 국무회의 구성원 11명이 모여있을 때 부속실장 강○○가 비상계엄 선포문 10부를 복사하여 김용현에게 전달하였다고 주장하고 있으므로, 보안상의 이유로 이 사건 계엄 선포 전 헌법 제82조를 준수하지 못하였다는 피청구인의 주장은 수긍하기 어렵다. 문서주의 및 부서제도가 대통령의 국법상 행위의 책임소재를 확실하게 하고 대통령의 권력을 통제하는 절차로서 기능하기 위해서는 대통령의 국법상 행위 이전에 국무총리와 관계 국무위원의 부서가 이루어져야 한다. 이에 더하여 피청구인은 계엄 선포권자로서 헌법 및 법률이 정한 절차가 모두 준수되는 것을 담보할 책임이 있는 점을 고려하면, 피청구인의 위 주장은 받아들일 수 없다.

2) 대통령은 계엄을 선포할 때 그 이유, 종류, 시행일시, 시행지역 및 계엄사령관을 공고하여야 한다(계엄법 제3조). 이는 국민의 권리의무에 중대한 영향을 미치는 계엄의 구체적인 사항을 국민에게 알리도록 함으로써 계엄 선포권의 남용을 방지하기 위한 것이다.

피청구인은 이 사건 계엄을 선포할 때 그 시행일시, 시행지역 및 계엄사령관을 공고하지 아니하였으므로, 계엄법 제3조 역시 위반하였다.

(라) 국회 통고 절차 준수 여부

대통령은 계엄을 선포한 때에는 지체 없이 국회에 통고하여야 한다(헌법 제77조 제4항, 계엄법 제4조 제1항).

피청구인은 국회에 대한 통고가 이루어지지 못한 것은 사실이나, 이 사건 계엄 선포 후 매우 짧은 시간 내에 국회가 비상계엄해제요구 결의안을 가결하여 별도로 국회에 통고할 시간적 여유가 없었고, 제1차 대국민담화가 방송을 통하여 생중계되어 국회의원들이 이 사건 계엄 선포 사실을 실시간으로 인지한 상태였으므로, 피청구인이 국회 통고 의무를 위반하였다고 볼 수 없다고 주장한다. 그러나 헌법이 대통령에게 국회 통고 의무를 부여한 취지는 국회가 헌법 제77조 제5항에 따라 부여받은 계엄해제요구권을 적시에 행사할 수 있도록 보장하기 위한 것이므로, 대국민담화가 방송을 통하여 생중계되는지 여부와 관계없이 대통령은 국회에 공식적인 통고를 할 의무를 부담한다고 보아야 하고, 이 사건 계엄 선포 시각과 국회의 비상계엄해제요구 결의안 가결 시각을 고려할 때 피청구인이 국회에 통고할 시간적 여유가 없었다고 볼 수도 없다.

따라서 피청구인은 헌법 제77조 제4항 및 계엄법 제4조 제1항을 위반하였다.

(3) 헌법에 따른 국군통수의무 등 위반 여부

(가) 대통령은 '헌법과 법률이 정하는 바에 의하여' 국군을 통수한다(헌법 제74조 제1항). 대통령이 국군통수권을 남용하거나 자의적으로 행사할 경우 돌이킬 수 없는 피해를 야기하기 때문에 헌법 제74조 제1항은 대통령이 헌법과 국군조직법 등 법률이 정하는 한계 내에서 국군통수권을 행사하도록 규정하고 있다.

대통령의 국군통수권과 관련하여 헌법이 정하고 있는 한계 중 하나는 국군의 정치적 중립성이다(헌법 제5조 제2항). 우리나라는 과거 군사정변을 통해 군이 직접 정권을 수립하거나 정치권에서 군을 동원하여 정치에 영향을 미친 역사적 경험을 갖고 있다. 군인과 군무원은 공무원이고(국가공무원법 제2조 제2항 제2호), 헌법 제7조 제2항이 공무원의 정치적 중립성을 보장하고 있음에도 현행 헌법에서 국군의 정치적 중립성에 관한 규정을 도입하여 이를 다시 한 번 명시적으로 강조한 것은 우리의 헌정사에서 다시는 군의 정치개입을 되풀이하지 않겠다는 의지를 표현한 것이다(헌재 2018. 7. 26. 2016헌바139 참조).

따라서 국군이 정치에 개입하거나 특정 정당을 지원하는 등 정치적 활동을 하는 것은 물론, 정치권이 국군에 영향력을 행사하려고 시도하거나, 국군을 정치적으로 이용하는 것은 헌법 제5조 제2항에 위반된다. 결국 대통령이 정치적 목적으로 국군통수권을 행사하여 국군을 이용하는 것은 헌법 제74조 제1항이 정한 헌법에 따른 국군통수의무를 위반하는 것이다.

(나) 계엄은 병력으로써 위기상황을 대처하기 위하여 선포하는 것이므로(헌법 제77조 제1항), 필연적으로 대통령의 국군통수권 행사를 수반한다(헌법 제74조 제1항). 비상계엄이 선포되는 경우 현역 장성급 장교 중에서 임명된 계엄사령관이 계엄사령부의 장으로서 계엄업무를 시행하게 되고(계엄법 제5조), 계엄지역의 모든 행정사무와 사법사무를 관장하면서 행정기관 및 사법기관을 지휘·감독하게 된다(계엄법 제7조 제1항, 제8조 제1항). 대통령은 전국을 계엄지역으로 하는 경우와 직접 지휘·감독을 할 필요가 있는 경우에는 계엄사령관을 지휘·감독하므로(계엄법 제6조 제1항), 결

국 대통령은 군인에 대한 지휘·감독권의 행사를 통하여 계엄업
무를 시행하는 것이다.

앞에서 살펴본 것처럼 피청구인은 자신의 의견에 반대하는
야당이 다수의석을 차지하고 있는 국회와의 대립 상황을 타개할
의도로 병력을 동원하기 위해서 이 사건 계엄을 선포하였다. 따
라서 피청구인은 헌법 제5조 제2항[*] 및 제74조 제
1항[**]을 위반하였다.

(4) 소결

법치국가원리, 헌법 제66조 제2항 및 제69조
에 따라 헌법준수의무를 부담하는 대통령은 국민
모두에 대한 '법치와 준법의 상징적 존재'이다.

대통령은 헌법을 수호하고 실현하기 위한 모든 노력을 기울
여야 할 뿐만 아니라, 법을 준수하여 현행법에 반하는 행위를 해
서는 안 되며, 나아가 입법자의 객관적 의사를 실현하기 위한 모
든 행위를 해야 한다(헌재 2004. 5. 14. 2004헌나1 참조).

헌법은 비상계엄 선포권의 남용과 악용을 방지하기 위하여
직접 그 실체적·절차적 요건을 구체적으로 정하면서, '법률이 정
하는 바에 의하여' 비상계엄을 선포하도록 규정하고 있다. 또한
헌법재판소는 긴급조치 등 과거 국가긴급권의 행사가 헌법에 위
반된다고 판단하면서, 헌법이 국가긴급권을 인정한 취지, 국가긴
급권을 발동할 수 있는 비상사태의 의미, 국가긴급권의 발동을
정당화할 수 있는 목적 등 국가긴급권 행사의 한계를 명확히 하

였다(헌재 1994. 6. 30. 92헌가18; 헌재 2013. 3. 21. 2010헌바132등; 헌재 2015. 3. 26. 2014헌가5 참조). 따라서 헌법준수의무를 부담하고 있는 대통령으로서는 헌법과 법률이 정한 비상계엄 선포의 요건과 한계를 준수하여 신중하게 그 권한을 행사하여야 한다.

그럼에도 불구하고 피청구인은 앞에서 살펴본 것처럼 헌법의 규정 또는 국가긴급권의 본질상 비상계엄 선포를 정당화할 수 없는 사정들을 들어 이 사건 계엄을 선포하였다. 피청구인은 헌법 제77조 제1항 및 계엄법 제2조 제2항이 정한 위기상황이 현실적으로 발생하였다고 볼 근거가 없었음에도 현저히 비합리적이거나 자의적인 판단으로 이 사건 계엄을 선포하였으므로 헌법 제77조 제1항과 계엄법 제2조 제2항을 위반하였다. 피청구인이 국무회의의 심의 등 헌법과 계엄법이 정한 비상계엄 선포의 절차를 준수하였다면 피청구인의 판단이 그릇되었다는 점을 인식하고 이 사건 계엄 선포에 나아가지 않았을 수도 있었을 것인데, 피청구인은 헌법 제77조 제4항, 제82조, 제89조 제5호, 계엄법 제2조 제5항, 제3조, 제4조 제1항, 제5조 제1항이 정한 비상계엄 선포의 절차 역시 위반하였다. 또한 피청구인은 국회와의 대립 상황을 타개할 의도로 이 사건 계엄을 선포하고 병력을 동원함으로써 헌법 제5조 제2항 및 제74조 제1항도 위반하였다.

6. 국회에 대한 군경 투입에 관한 판단

가. 인정 사실

(1) 군대를 동원한 국회 진입 및 국회의원을 끌어내라는 지시

(가) 피청구인의 병력 투입 지시

피청구인은 국방부장관 김용현에게 이 사건 계엄 선포와 관련하여 국회에 군대를 투입할 것을 지시하였다.

(나) 육군특수전사령부 소속 군인들의 국회 진입

1) 이 사건 계엄 선포 직전 김용현은 육군특수전사령관 곽종근에게 제707특수임무단 소속 군인들을 국회로 출동시킬 것을 지시하였고, 제707특수임무단 소속 군인 97명은 헬기를 타고 국회를 향해 출동하였다. 피청구인은 2024. 12. 3. 23:40경 곽종근에게 전화를 걸어 국회로 가는 부대가 어디쯤 가고 있는지 물어보았고, 곽종근은 아직 이동 중이라고 답하였다. 제707특수임무단 소속 군인들은 국회 경내 운동장에 도착한 뒤 본관으로 이동하여 출입문을 확보하고자 하였고, 이들 중 16명은 2024. 12. 4. 00:33경 국회 본관의 우측 유리창 2개를 깨뜨리고 본관 내부로 진입하였다. 이 사건 계엄 선포 직후 출동 지시를 받았던 제1공수여단 소속 군인들 중 170여 명도 국회 경내로 진입하였다. 국회 직원, 국회의원 보좌관 등은 집기류를 쌓고 소화기를 분사하고 몸으로 막는 등으로 이들을 저지하였고, 그 과정에서 일부가 부상을 입음과 동시에 약 6,600만원 상당의 물적 피해도 발생하였다.

2) 이 사건 계엄 선포 직후부터 국회의장을 비롯한 국회의원

들은 비상계엄해제요구 결의안을 심의하기 위하여 국회 본관 내 본회의장으로 모이고 있던 중이었다. 피청구인은 2024. 12. 4. 00:30경 곽종근에게 전화로 '아직 의결정족수가 채워지지 않은 것 같다. 빨리 국회 문을 부수고 들어가서, 안에 있는 인원들을 밖으로 *끄집어내라*'고 지시하였고, 곽종근은 제707특수임무단장 김현태에게 '150명이 넘으면 안 된다고 하는데, 들어갈 수 없겠냐'와 같이 말하는 등 위 지시를 이행할 방법을 논의하였다. 곽종근은 비상계엄해제요구 결의안이 가결된 사실을 확인한 뒤 임무 중지 및 철수를 지시하였고, 김용현의 병력 추가 투입 지시로 그 무렵 국회 경내에 도착한 100여 명의 제707특수임무단 소속 군인들도 곧바로 철수하였다. 그 결과 본회의장까지 들어간 병력은 없었다.

3) 피청구인은 곽종근에게 전화한 사실은 있지만, 당시 상황을 확인하였을 뿐이고 국회의원을 끄집어내라는 지시는 한 사실이 없다고 주장한다. 또한 위 지시에 관한 곽종근의 진술이 일관성이 없다며 신빙성이 떨어진다고도 주장한다. 그러나 비상계엄 선포 직후 열린 육군특수전사령부 예하부대들과의 화상회의가 끝나고도 곽종근의 마이크가 계속 켜져 있었기 때문에 곽종근이 피청구인의 위 지시를 받고 김현태 등과 논의하는 과정에서 행한 발언들이 예하부대들로 그대로 전파되고 있었던 점, 곽종근 및 김현태는 국회 출동 시 '시설 확보 및 경계' 지시를 받은 후 한동안 추가 지시가 없어 구체적인 임무를 정확히 알 수 없었다고 하는바 피청구인의 위 지시가 없었더라면 곽종근이 갑자기 김현태

와 안으로 들어가 150명이 넘지 않게 할 방법을 논의할 이유가 없는 점, 의결정족수라는 용어 및 당시 본회의장 안에는 다수의 국회의원들이 존재하였고 군인은 존재하지 않았던 사실 등을 고려하면 끄집어낼 대상은 국회의원이라고 해석될 수밖에 없는 점, 곽종근은 2024. 12. 9. 검찰 조사에서부터 증인신문이 행해진 이 사건 제6차 변론기일까지 피청구인의 위 지시 내용을 일부 용어의 차이만 있을 뿐 일관되게 진술하고 있는 점 등에 비추어 볼 때, 피청구인의 주장은 믿기 어렵다.

(다) 수도방위사령부 소속 군인들의 국회 진입

1) 이 사건 계엄 선포 직후 김용현은 수도방위사령관 이진우에게 예하부대를 국회로 출동시킬 것을 지시하였다. 이진우는 제1경비단 및 군사경찰단 소속 군인들을 출동시키면서 자신도 국회로 이동하였다. 피청구인은 이진우가 국회에 도착한 후 전화로 상황을 물어보았고 이진우가 국회 담장에서 많은 사람들이 경찰과 대치하고 있어 경내로 진입하기 어렵다는 취지로 답변하자, 얼마 후 재차 전화로 '안에 있는 사람들을 끌어내라'고 하였다.

2) 이진우는 2024. 12. 4. 00:40경 제1경비단장 조성현에게 '본관 내부로 들어가서 국회의원들을 외부로 끌어내라'는 지시를 하였고, 얼마 후에는 이미 육군특수전사령부 소속 군인들이 진입해 있으니 이들이 국회의원들을 끌어내면 통로를 형성하는 등 외부에서 지원하는 역할을 수행하라고 지시하였다. 조성현은 위 임무가 정당하지 않다고 생각하여, 국회 경내로 들어간 군인들에게는 사람들이 없는 지역에 계속 집결해 있을 것을, 국회로 이동 중

이던 후속부대에게는 서강대교를 넘지 말고 기다릴 것을 각각 지시하였다. 조성현은 비상계엄해제요구 결의안이 가결된 후 이진우에게 철수를 건의하였고, 이진우는 이를 승인하였다. 당시 국회로 출동한 수도방위사령부 소속 군인들은 총 210여 명이었고, 그 중 경내로 진입한 인원은 총 48명이었다.

3) 피청구인은 이진우에게 전화한 사실은 있지만 당시 상황을 확인한 뒤 경찰에 이야기하면 국회 담장 안으로 들어갈 수 있다는 사실을 알려주었을 뿐이고, 국회의원들을 끌어내라고 지시한 사실은 없다고 주장한다. 그러나 이진우가 피청구인과 통화하는 동안 같은 차량의 앞좌석에 앉아 있던 이진우의 전속부관이 통화 내용 대부분을 들을 수 있었던 점, 이진우는 김용현으로부터 구체적인 임무 없이 국회로 가라는 지시만 받아 일단 수도방위사령부의 본래 임무인 핵심시설의 '외곽'을 경계하고자 하였다고 하는바 피청구인의 위 지시가 없었더라면 이진우가 갑자기 조성현에게 건물 '내부'로 진입하여 국회의원을 끌어내라는 지시를 할 이유가 없는 점 등에 비추어 볼 때, 피청구인의 위 주장은 믿기 어렵다.

(2) 경찰을 동원한 국회 출입 통제

(가) 피청구인은 2024. 12. 3. 19:20 무렵 경찰청장 조지호, 서울특별시경찰청장 김봉식을 서울 종로구 소재 대통령 안전가옥으로 불러 오늘 밤 비상계엄을 선포할 것이라고 하면서, 군인들이 국회를 비롯한 여러 곳에 나갈 것인데 경찰이 국회 통제도 잘해 달라고 하였다. 함께 자리하고 있던 김용현은 피청구인이 보

는 가운데 조지호, 김봉식에게 A4 용지 1장으로 된 문서를 건넸
는데, 해당 문서에는 군인들의 출동시각과 출동장소를 의미하는
'2200 국회, 2300 민주당사' 등과 같은 기재가 있었다.

(나) 조지호와 김봉식은 경찰 300여 명을 국회 담장 주변에 배
치하고, 2024. 12. 3. 22:48경부터 출입을 전면 차단하도록 하였
다. 그러나 국회의원의 출입 통제에 대한 항의를 받게 되자, 헌법
상 국회의 계엄해제요구권 등을 확인한 뒤 이 사건 계엄 선포만
으로는 근거가 부족하다는 판단하에, 같은 날 23:06경부터 국회
의원, 보좌관, 국회 직원, 출입기자 등 국회 상시 출입자는 신분확
인을 거쳐 출입하도록 하였다.

같은 날 23:23경 이 사건 포고령이 발령되었다. 피청구인은
그 무렵 계엄사령관 박안수에게 전화하여 조지호에게 이 사건 포
고령의 내용을 알려주라고 하였고, 박안수는 전화로 이를 조지호
에게 알려주었다. 피청구인도 조지호에게 직접 6차례 전화하였
다. 조지호와 김봉식은 이 사건 포고령에 국회 활동 금지, 포고령
위반자 처단 등의 내용이 있음을 확인한 뒤 같은 날 23:37경부터
2024. 12. 4. 01:45경까지 약 2시간 8분가량 국회 출입을 재차 전
면 차단하도록 하였다. 그 사이에 국회 투입 경력(警力)은 점차 증
원되어 최종적으로 1,700여 명의 경찰이 동원되었다. 위와 같은
출입 차단으로 인하여, 비상계엄해제요구 결의안을 심의하기 위
해 국회로 모이고 있던 국회의장 및 국회의원들 중 일부는 담장
을 넘어가야 했거나 아예 들어가지 못하였고, 국회 본회의 개의
도 지연되었다.

(다) 피청구인은 경찰로 하여금 국회의원의 출입을 통제하도록 한 사실이 없고, 오히려 김용현에게는 출입을 막지 말라고 지시하였다고 주장한다. 그러나 피청구인은 조지호, 김봉식을 대통령 안전가옥으로 불러 국회 통제를 잘 해 달라고 말한 점, 그 자리에서 김용현이 그림을 그려가며 어느 곳에 경력(警力)을 배치할지 설명하는 것을 보았다고 스스로 인정하는 점, 피청구인은 박안수로 하여금 국회 활동 금지가 포함된 이 사건 포고령을 조지호에게 알려주라고 한 점, 조지호가 계엄해제요구권 등을 인지하고 국회의원의 출입은 허용했던 상황에서 재차 출입을 차단할 특별한 이유를 찾기 어려운 점 등에 비추어 볼 때, 피청구인의 주장은 믿기 어렵다.

(3) 주요 정치인 등에 대한 위치 확인 시도

(가) 피청구인은 2024. 12. 3. 20:22경 국정원 1차장 홍장원에게 전화로 '한두 시간 후 전화할 일이 생길지 모르니 비화폰을 잘 챙기고 있으라'고 하였고, 같은 날 22:53경 다시 전화를 걸어 비상계엄 발표하는 것을 보았느냐며 이번 기회에 국정원에도 대공수사권을 줄 테니 우선 자금이든 인력이든 국군방첩사령부를 도와 지원하라는 취지로 말하였다. 김용현은 이 사건 계엄 선포 직후 국군방첩사령관 여인형에게 총 14명의 명단(이하 '이 사건 명단'이라 한다)을 알려주면서 '포고령을 위반할 우려가 있는 사람들로서, 합동수사본부가 꾸려진 뒤 위반혐의가 발견되면 체포할 수도 있으니 미리 위치 등 동정을 파악해 두라'고 지시하였다. 이 사건 명단

에는 국회의장 우원식, 더불어민주당 대표 국회의원 이재명, 국
민의힘 대표 한동훈, 조국혁신당 대표 국회의원 조국, 더불어민
주당 원내대표 국회의원 박찬대, 전 대법원장 김명수, 전 대법관
권순일 등이 포함되어 있었다.

(나) 여인형은 조지호에게 이 사건 명단과 대부분 일치하는
명단을 불러주면서 위치 확인을 요청하였다. 홍장원은 같은 날
22:58경 및 23:06경 여인형에게 전화하여 자초지종을 물어보았
으나, 여인형은 제대로 답변하지 않다가 홍장원이 피청구인으로
부터 국군방첩사령부를 지원하라는 전화를 받았다고 하자, 당시
상황을 설명하고 이 사건 명단과 대부분 일치하는 명단을 불러주
면서 위치 확인을 요청하였다. 조지호와 홍장원은 여인형의 요청
에 협조하지 않았고, 국회로 출동하였던 10개조 총 49명의 국군
방첩사령부 소속 군수사관들은 국회 담장 밖에서 대기하다가 비
상계엄해제요구 결의안이 가결되자 모두 철수하였다. 이에 따라
이 사건 명단의 사람들에 대한 위치 확인은 실제로 행해지지 않
았다.

(다) 피청구인은 누구에게도 이 사건 명단과 관련된 지시를 한
바 없다고 주장한다. 특히 피청구인은 홍장원과 2차례 통화한 사
실은 있지만, 첫 번째 통화는 국정원장 조태용이 해외 출장 중이
라고 오인하여 국정원을 잘 챙기라는 취지에서 한 것이고, 두 번째
통화는 홍장원이 피청구인의 해외순방 시 경호를 도왔던 일에 대
한 격려 차원에서 전화하면서 계엄과 무관하게 간첩 수사 업무와

관련하여 국군방첩사령부를 지원하라고 한 취지라고 주장한다.

　그러나 피청구인이 홍장원에게 2024. 12. 3. 첫 번째 통화에서 한두 시간 후 전화할 일이 생길지 모르니 대기하라고 지시한 뒤 이 사건 계엄 선포 직후 재차 전화를 한 점, 피청구인은 여인형과 홍장원이 육군사관학교 선후배관계에 있어 특별히 홍장원에게 국군방첩사령부 지원에 관하여 언급했다고 하는 점, 피청구인은 해외 출장 중인 줄 알았던 조태용을 이 사건 계엄 선포 직전 대통령실에서 만났고 홍장원과의 두 번째 통화 직후 조태용과 통화하기도 하였는데 조태용에게는 아무런 특별한 지시가 없었다고 하는 점 등을 고려할 때, 피청구인은 처음부터 홍장원에게 계엄 상황에서 국군방첩사령부에 부여된 임무와 관련된 특별한 용건을 전하고자 한 것이라 봄이 상당하고, 계엄 선포 직후의 급박한 상황에서 단순한 격려 차원 또는 간첩 수사 업무와 관련된 일반적 지시를 하고자 한 것이었다는 피청구인의 주장은 믿기 어렵다.

　오히려 홍장원과의 통화에서 언급을 주저하던 여인형이 피청구인의 전화를 받았다는 말을 듣고서야 상황 설명을 하면서 위치 확인을 요청한 사실, 피청구인이 국군방첩사령관 여인형, 국정원 1차장 홍장원, 경찰청장 조지호를 모두 지휘할 수 있는 위치에 있었던 사실 등에 비추어 볼 때, 포고령 위반 우려가 있다는 점을 들어 필요시 체포할 목적으로 이 사건 명단에 포함된 사람들의 위치를 확인하도록 한 김용현의 지시가 피청구인의 의사와 무관하게 이루어졌다고 보기 어렵다.

나. 판단

(1) 헌법 제77조 제5항, 대의민주주의 등 위반 여부 및 국회 의원의 불체포특권 등 침해 여부

(가) 우리 헌법은 자유민주적 기본질서의 보호를 그 최고의 가 치로 하여, 이를 구현하기 위해 입법권은 국회(헌법 제40조)에, 행 정권은 대통령을 수반으로 하는 정부(헌법 제66조 제4항)에, 사법권 은 법관으로 구성된 법원(헌법 제101조 제1항)에 각각 속하게 하는 권력분립원칙을 취하고 있다(헌재 1994. 4. 28. 89헌마221 참조). 대 의민주주의에서 국회는 주권자인 국민이 선출한 국회의원으로 구성된 국민의 대표기관으로서 입법기능, 정부감독기능, 재정에 관한 기능 등을 수행하며(헌재 2003. 10. 30. 2002헌라1 참조), 이러 한 국회의 기능은 주로 국민의 정치적 의사가 수렴되고 논의되는 공적인 장소인 국회 본관 내 본회의장에서 국회의원에 의한 심 의·표결권 행사로 실현된다.

(나) 한편, 헌법 제77조 제5항은 국회가 재적의원 과반수의 찬 성으로 계엄의 해제를 요구한 때에는 대통령은 이를 해제하여야 한다고 규정함으로써 대통령의 계엄 선포권의 남용을 통제할 수 있는 권한을 국민의 대표기관인 국회에 부여하고 있으므로, 비상 계엄이 선포된 경우에도 국회의 권한을 제한할 수는 없다고 보아 야 한다. 그렇지 않으면 대통령이 비상계엄을 선포함으로써 헌 법에 따른 국회의 통제권한을 유명무실하게 만들 수 있기 때문이 다. 같은 취지에서, 행정권의 부당한 탄압으로부터 국회의원의

활동을 보장하기 위하여 헌법 제44조 제1항에서 "국회의원은 현행범인인 경우를 제외하고는 회기 중 국회의 동의없이 체포 또는 구금되지 아니한다."라고 규정한 국회의원의 불체포특권은, 계엄법 제13조에서 "계엄 시행 중 국회의원은 현행범인인 경우를 제외하고는 체포 또는 구금되지 아니한다."라고 규정함으로써 회기 중인지 여부 및 국회의 동의 여부와 무관하게 더욱 강화된 형태로 보장되고 있다.

(다) 그럼에도 불구하고 피청구인은 군경을 투입하여 국회의장 및 국회의원들이 국회에 자유롭게 출입하는 것을 방해하는 한편 이들을 끌어내라고 지시함으로써, 계엄해제요구권을 비롯한 국회의 권한행사가 제대로 이루어지지 못하게 하려고 하였다. 피청구인의 이와 같은 행위는, 국민의 대표기관인 국회에 계엄해제요구권을 부여한 헌법 제77조 제5항을 위반한 것일 뿐만 아니라, 국회가 제 기능을 충실히 실현할 수 없도록 하는 것으로서 대의민주주의와 권력분립원칙에 정면으로 반하고, 국민의 대표인 국회의원의 심의·표결권 등 헌법상 권한 및 계엄의 상황에서 특별히 중요한 의미를 지니는 국회의원의 불체포특권을 침해한 것이다.

(2) 정당활동의 자유 침해 여부

(가) 정당은 국민과 국가의 중개자로서 정치적 도관의 기능을 수행하여 국민의 다원적 의사를 형성·통합함으로써 국가정책의 결정에 직접 영향을 미칠 수 있는 규모의 정치적 의사를 형성하고 있다(헌재 2020. 5. 27. 2019헌라1 참조). 이에 헌법 제8조 제1항은

정당설립의 자유를 명시적으로 규정하고 있는바, 정당의 설립만이 보장될 뿐 그 활동이 임의로 제한될 수 있다면 정당설립의 자유는 사실상 아무런 의미가 없게 되므로, 위 조항은 정당활동의 자유를 포함한 정당의 자유를 광범위하게 보장하는 것이라 할 수 있다(헌재 2004. 12. 16. 2004헌마456; 헌재 2014. 1. 28. 2012헌마431등 참조).

(나) 당대표, 원내대표 등 정당 기관의 활동은 정당 자신의 활동이므로 당연히 헌법적으로 보장되어야 할 정당의 활동으로 볼 수 있다(헌재 2014. 12. 19. 2013헌다1 참조). 정당 소속 국회의원은 기본적으로 국민 전체의 대표자로서의 지위를 가지지만, 정당민주주의의 발전에 따라 소속 정당의 공천을 받아 그 지원이나 배경 아래 당선되고 정치의사 형성에 있어서도 사실상 정당의 규율이나 당론 등의 영향을 받게 되어 정당의 이념을 대변하는 지위도 함께 가지게 되었는바(헌재 2014. 12. 19. 2013헌다1; 헌재 2020. 5. 27. 2019헌라1 참조), 이들의 활동 역시 일정 부분 정당의 활동이 될 수 있다.

(다) 김용현은 이 사건 계엄 선포 직후 포고령 위반 우려가 있다는 점을 들어 필요시 체포할 목적으로 각 정당의 대표 및 원내대표 등에 대한 위치 확인을 지시하였는바, 앞서 살펴본 바와 같이 위 지시는 피청구인의 의사와 무관하게 이루어졌다고 보기 어렵다. 이는 각 정당 소속 국회의원들을 포함한 당원들에 대하여 상당한 영향력을 행사할 수 있는 위 사람들의 활동을 제약함으로써 각 정당의 활동도 제약하고자 하는 의도를 가진 행위로 보인

다. 따라서 피청구인의 위와 같은 행위는 정당활동의 자유를 침해한 것이다.

(3) 헌법에 따른 국군통수의무 등 위반 여부

앞에서 살펴본 것처럼 피청구인은 국회의 헌법상 권한행사를 막고 정당의 활동을 제약하고자 하는 정치적 목적으로 국회에 병력을 투입하여 본회의장에서 국회의원들을 끌어내라고 지시하였고, 주요 정치인에 대한 위치 확인 지시에 관여하였다.

평소 전시와 같은 비상상황을 전제로 하여 훈련해 오던 군인들은 이 사건 계엄이 선포되고 출동 지시가 내려지자, 개인화기 등을 소지하고 국회로 출동하였다. 그러나 군인들이 맞닥뜨린 것은 적이 아니라 일반 시민이었고, 일반 시민을 상대로 적극적으로 무력을 행사할 수 없었던 군인들은 위와 같은 지시를 이행하지 못하였다. 헌법제정권자인 국민은 우리의 헌정사에서 다시는 군의 정치개입을 반복하지 않고자 국군의 정치적 중립성을 헌법에 명시하였으나, 국군통수권자인 피청구인이 정치적 목적으로 그 권한을 남용함으로써 국가의 안전보장과 국토방위의 신성한 의무를 수행함을 사명으로 하여 나라를 위하여 봉사해 온 군인들이 또다시 일반 시민들과 대치하는 상황이 발생하게 된 것이다.

그렇다면 피청구인은 국군의 정치적 중립성에 반하여 국군통수권을 행사하였으므로, 헌법 제5조 제2항 및 제74조 제1항을 위반하였다.

(4) 피청구인의 주장에 대한 판단

(가) 피청구인은 이 사건 계엄 선포 소식을 접한 국회 관계자 및 시민들이 대거 몰릴 것을 대비해, '질서유지' 목적에서 국회에 병력을 투입한 것이라고 주장한다.

(나) 피청구인은 그 근거로, 김용현에게 '계엄이 선포된 후, 간부 위주로 구성된 280명만을, 실탄을 지급하지 말고' 투입하라고 지시하였으며, 비상계엄해제요구 결의안이 가결되자마자 즉시 병력을 철수하라고 지시하였다는 점을 들고 있다.

그러나 피청구인이 주장하는 지시 내용은, 곽종근, 이진우, 여인형 어느 누구도 전달받은 사실이 없다. 오히려 이들은 이 사건 계엄 선포 며칠 전부터 대비태세를 갖출 것을 지시받았고, 이 사건 계엄 선포 전에 이미 출동 지시를 받은 부대도 있었다. 피청구인이 언급한 280명은 비상계엄해제요구 결의안의 의결 직전 무렵까지 국회 경내로 진입한 육군특수전사령부 소속 군인 270여명을 말하는 것으로 보이는데, 피청구인은 수도방위사령부 소속 군인들로 하여금 국회 경내로 진입하라고 전화하는 등 280명만의 투입을 염두에 두고 있지는 않았던 것으로 보인다.

더구나 국회로 출동한 군인들은 주로 대테러 작전수행을 본래 임무로 수행하고 있었던바, 국가중요시설로서 평상시에도 철저한 경비가 되고 있는 국회에 대하여 단순히 질서유지만을 목적으로 본래의 경비인력 및 추가된 경력(警力)을 넘어 이들 군인까지 투입시켰다는 주장은 납득하기 어렵다. 또한 피청구인은 구체적인 임무를 지시하지 않음으로써 이들이 실제 비상상황을 전제로 마련된 매뉴얼대로 행동하기를 용인하였는바, 실탄 지급을 금하거나 병력을 철수한 것 모두 피청구인의 지시에 의한 것이 아니라 군인들 스스로가 상황 판단에 따라 자체적으로 결정한 것이었다.

(다) 오히려 피청구인은 병력 투입으로 국회의 계엄해제요구권 행사를 방해함으로써, 이 사건 계엄과 이에 따른 이 사건 포고령의 효력을 상당 기간 지속시키고자 하였던 것으로 보인다.

김용현은 국회 담장 외곽은 경찰이, 국회 본관 외곽은 수도방위사령부가, 국회 본관 내부는 육군특수전사령부가 각각 맡아 통제할 계획을 세웠다. 피청구인은 병력이 국회에 도착하기 전까지는 국회 내 다른 건물에 있던 국회의원들이 본관으로 충분히 갈 수 있었고 경찰도 담장에서 국회의원을 들여보낸 것으로 알고 있다고 하는바, 이는 국회에 병력이 도착한 후에는 위 계획대로 국회의원의 본관 출입을 차단하고자 하였음을 추단케 한다. 그러나 위 계획대로의 출입 차단이 실행되지 않아 비상계엄해제요구 결의안의 의결이 임박해지자, 의결정족수가 채워지지 않도록 본회의장에 있는 국회의원들을 끌어내라는 지시를 한 것으로 보인다.

피청구인은 계엄해제에 적어도 며칠 걸릴 것으로 예상하였는데 예상보다 빨리 끝났다고 자인하고 있으며, 김용현은 이 사건 계엄이 해제된 후 개최된 전군주요지휘관회의에서 '우리 군이 피청구인의 명을 받들어 임무를 수행하였으나 중과부적으로 원하는 결과가 되지 않았다'고 발언하였는데, 이를 보더라도 피청구인의 병력 투입 목적이 단순히 질서유지에 그친 것이 아니었음을 알 수 있다.

(라) 더 나아가 이 사건 계엄 선포 직후 기획재정부장관 최상목이 대통령실에서 받은 문서에는, "국회 관련 각종 보조금, 지원금 각종 임금 등 현재 운용 중인 자금 포함 완전 차단할 것, 국가비상 입법기구 관련 예산을 편성할 것"이라는 내용이 있었다.

피청구인은 해당 문서의 작성 및 전달에 관여한 사실이 없다고 주장하나, 김용현은 피청구인으로부터 계엄의 주무부처 장관으로서 관계부처들에 협조를 구하라는 지시를 받고 위 문서를 작성하였다고 하는 점, 해당 문서에는 '예비비를 조속한 시일내 충분히 확보하여 보고할 것'이라는 내용도 있는데 기획재정부장관이 보고를 할 대상은 대통령인 피청구인이라고 봄이 상당한 점, 외교부장관 조태열, 조지호, 김봉식도 그날 별도의 문서들을 받았는데 조태열은 이를 피청구인으로부터 받았고 조지호, 김봉식은 앞서 살펴본 바와 같이 피청구인이 보는 가운데 김용현으로부터 받은 점 등에 비추어 볼 때, 피청구인의 위 주장은 믿기 어렵다.

또한 피청구인은 해당 문서의 내용을 두고, 국회를 통하여 정치적 목적으로 지급되는 금원을 차단하라거나 긴급재정경제명령을 발령하기 위한 기획재정부 산하의 기구 관련 예산을 편성하라는 의미일 뿐이라고 주장한다. 그러나 이와 같은 의미로 해석하는 것은 해당 문언들의 통상적인 용례에 상당히 벗어나는 점, 임금을 포함한 국회 관련 운용 자금을 완전히 차단하라는 내용을 국회가 아닌 다른 단체들과만 관련된 것으로는 볼 수 없는 점, 피청구인은 민생 및 경제활성화 등을 위한 정부 추진 법안이 야당의 반대로 국회에서 통과되고 있지 못한 상황을 타개하는 방법 중 하나로 긴급재정경제명령을 생각해 왔다고 하는바 긴급재정경제명령은 국회의 집회를 기다릴 여유가 없을 때 한하여 할 수 있는 점(헌법 제76조 제1항) 등에 비추어 볼 때, 피청구인의 주장을 수긍하기 어렵다.

(마) 다른 한편, 피청구인은 질서유지 목적의 병력 투입이 국회에 대해서도 가능한 것은, 비상계엄이 선포되면 계엄사령관이 행정사무를 관장하기 때문이라거나 집회·결사에 대한 특별한 조치를 할 수 있기 때문이라고 주장한다.

계엄법 제7조 제1항은 "비상계엄의 선포와 동시에 계엄사령관은 계엄지역의 모든 행정사무와 사법사무를 관장한다."라고 규정하고 있다. 위 조항의 근거가 되는 헌법 제77조 제3항은 비상계엄 선포 시 '법률이 정하는 바에 의하여 정부나 법원의 권한에 관하여 특별한 조치를 할 수 있다'고 규정하는바, 특별한 조치의 대상이 되는 정부나 법원을 아무리 넓게 해석한다고 하더라도 여기에 국회가 포함될 수는 없는 것이다. 이는 앞서 살펴본 바와 같이 헌법 제77조 제5항에서 국회에 계엄해제요구권을 부여한 취지, 계엄법 제13조에서 계엄 시행 중 국회의원의 불체포특권을 강화하여 보장한 취지 등에 비추어 보아도 그러하다. 따라서 국회의 사무는 계엄사령관이 관장할 수 없으며, 그 사무가 국회 내의 행정사무로서의 성격을 갖더라도 마찬가지이다.

그런데 국회법에 따르면, 회기 중 국회의 질서를 유지하기 위한 국회 경내의 경호권은 국회의장에게 속하는 것이고(제143조), 국회의장이 경호를 위하여 경찰공무원의 파견을 요구하는 경우에도 회의장 건물 내의 경호업무는 국회에 소속된 경위에게 전속된다(제144조). 누구든지 국회의원이 회의에 출석하기 위하여 회의장에 출입하는 것을 방해해서는 안 되며(제148조의3), 회의장에는 국회의원, 국무총리, 국무위원 또는 정부위원, 그 밖에 의안 심의에 필요한 사람과 국회의장이 허가한 사람 외에는 출입할 수 없다(제151조). 이처럼 회기 중 국회 경내의 질서유지 업무는 어디까지나 국회의 사무이므로, 헌법 제77조 제3항에 따른 특별한 조치의 대상이 될 수 없고 계엄법 제7조 제1항에 따라 계엄사령관이 관장하는 사무라고 볼 수도 없다.

마찬가지의 취지에서, 계엄법 제9조 제1항에 따르면 계엄사령관은 비상계엄지역에서 군사상 필요할 때 집회·결사에 대하여 특별한 조치를 할 수 있으나, 회기 중 국회 경내의 질서유지를 위한다는 명목으로는 이를 행할 수 없다고 할 것이다.

(바) 이상과 같이, '질서유지' 목적에서 국회에 병력을 투입한 것이라는 피청구인의 주장은 받아들일 수 없다.

(5) 소결

그렇다면 피청구인은 군경을 투입하여 국회의장 및 국회의원들이 국회에 자유롭게 출입하는 것을 통제하는 한편 이들을 끌어내라고 지시하여 계엄해제요구권을 비롯한 국회의 권한행사가 제대로 이루어지지 못하도록 방해하고, 필요시 체포할 목적으로 행해진 각 정당 대표 등에 대한 위치 확인 지시에 관여함으로써, 헌법 제5조 제2항, 제74조 제1항, 제77조 제5항 및 대의민주주의, 권력분립원칙을 위반함과 동시에 국회의원의 심의·표결권 및 불체포특권 등 헌법상 권한을 침해하였으며 정당활동의 자유도 침해하였다.

7. 이 사건 포고령 발령에 관한 판단

가. 인정 사실

(1) 국방부장관 김용현은 피청구인이 조만간 비상계엄을 선포할 것에 대비하여 2017년 계엄문건에 첨부된 2017년 포고문 및 1979. 10. 27.자 계엄포고 제1호 등 예전 군사정권 때의 예문을 참고하여 이 사건 포고령의 초안을 작성해 두었다. 피청구인이 2024. 12. 1.경 김용현에게 비상계엄을 하게 되면 필요한 것이 무엇인지 묻자, 김용현은 미리 준비해 두었던 이 사건 포고령 초안 등을 피청구인에게 보고하였고, 피청구인은 국민에게 불편을 줄 우려가 있고 시대에 적합하지 않다는 이유로 야간통행금지 조항을 삭제할 것을 지시하였다. 김용현은 2024. 12. 2.경 피청구인의 지시에 따라 수정한 이 사건 포고령 초안 등을 피청구인에게 보고하였고, 피청구인은 이를 승인하였다.

(2) 계엄사령관 박안수는 2024. 12. 3. 22:30경 계엄사령관으로 임명된 후 김용현으로부터 이 사건 포고령의 초안을 받았다. 박안수는 이 사건 포고령의 초안을 읽어본 후 김용현에게 법적인

검토가 필요한 것 같다고 말하였는데, 김용현은 이미 검토를 받은 것이니 그대로 발령하라고 하였다. 이에 박안수는 김용현의 지시에 따라 포고시간만 22:00에서 23:00으로 고친 후 2024. 12. 3. 23:17경 이 사건 포고령에 서명하고 23:23경 이를 발령하였다. 이 사건 포고령의 내용은 [별지 4]*와 같다. 💬 158페이지 참조

나. 판단

(1) 이 사건 포고령의 법적 성격 및 효력

이 사건 포고령은 계엄법 제9조 제1항, 제14조 제2항의 내용을 보충하는 기능을 하고 그와 결합하여 대외적으로 구속력이 있는 법규명령으로서 효력을 가진다(대법원 2018. 11. 29. 선고 2016도14781 판결 참조). 따라서 이 사건 포고령이 발령되는 즉시 모든 국민은 일체의 정치활동 등 이 사건 포고령이 금지하는 행위를 하지 말아야 할 의무를 부담하게 되고, 그 의무를 위반하는 경우 영장 없이 체포·구금·압수·수색을 당할 수 있으며 계엄법 제14조 제2항에 따라 3년 이하의 징역에 처해지게 된다.

피청구인은 단순히 계엄의 형식을 갖추기 위하여 상징적으로 이 사건 포고령을 발령한 것이지 이를 집행할 의사가 없었고 상위법과 저촉 소지가 있어 집행할 수도 없었다고 주장한다. 그러나 피청구인이 이 사건 계엄을 선포하면 추가적인 조치 없이도 곧바로 비상계엄의 효력이 발생하므로, 계엄의 형식을 갖추기 위하여 이 사건 포고령을 발령할 필요는 없는 점, 피청구인이 이 사

건 포고령이 집행되지 않을 것이라고 생각하였다면 야간통행금지 조항을 삭제할 필요가 없었고, 국민에게 불편을 줄 우려가 있고 시대에 적합하지 않다는 이유로 야간통행금지 조항을 삭제하였다는 것은 오히려 나머지 조항들의 효력 발생 및 집행을 용인한 것으로 볼 수 있는 점, 피청구인은 국회의 반국가적 활동을 금지하기 위하여 이 사건 포고령에 국회의 활동을 금지하는 내용을 포함시켰다고도 주장하고 있는 점, 피청구인은 이 사건 포고령이 발령될 무렵 계엄사령관 박안수에게 전화하여 경찰청장 조지호에게 이 사건 포고령의 내용을 알려주라고 하였고, 조지호에게 직접 6차례 전화한 점, 김용현은 이 사건 제4차 변론기일에서 이 사건 포고령이 효력이 있으니까 실제로 집행하려고 하였고, 당연히 그렇게 하는 것이 맞다고 생각한다고 증언한 점 등에 비추어 이를 믿기 어렵다.

(2) 헌법 제77조 제5항 및 대의민주주의 등 위반 여부

피청구인은 국회와의 대립 상황을 타개하기 위하여 이 사건 포고령을 통하여 국회의 활동을 전면적으로 금지하였다. 이는 국회에 대한 군경 투입과 마찬가지로 국민의 대표기관인 국회에 계엄해제요구권을 부여한 헌법 제77조 제5항을 위반한 것일 뿐만 아니라, 대의민주주의와 권력분립원칙에 명백히 반하고, 국민의 대표인 국회의원의 심의·표결권 등 헌법상 권한을 침해한 것이다.

피청구인은 국회의 해산을 명하거나 국회의 비상계엄해제요구 결의안 의결을 위한 의정활동 등 정상적인 활동을 금지하려는 것이 아니라, 반국가적 활동을 금지하기 위하여 위와 같은 포고령을 발령하게 하였다고 주장한다. 그러나 이 사건 포고령은 단순히 국회의 활동을 금지한다고 규정하고 있어 국회의 모든 활동을 금지한다고 해석된다. 또한 피청구인은 반국가적 행위란 국익을 해하여 나라의 위기를 초래하는 일체의 행위로서 비상계엄 선포의 실체적 요건 위반 여부 부분에서 살펴본 국회의 입법권 행사 및 예산 삭감 등이 모두 이에 해당한다고 주장한다. 그러나 국회의 입법권 행사 및 예산 삭감 등은 헌법과 법률에 근거한 국회의 권한행사이므로 피청구인의 주장에 의하더라도 이 사건 포고령은 사실상 국회의 모든 활동을 금지하는 것과 다름이 없다. 따라서 피청구인의 위 주장은 받아들일 수 없다.

(3) 지방자치의 본질적 내용 침해 여부

헌법 제117조와 제118조에 의하여 제도적으로 보장되는 지방자치는 주권의 지역적 주체로서의 주민에 의한 자기통치의 실현을 위한 것으로, 지방자치의 본질적 내용인 핵심영역은 어떠한 경우라도 입법 기타 중앙정부의 침해로부터 보호되어야 한다(헌재 2014. 6. 26. 2013헌바122 참조). 헌법이 직접 규정한 지방자치단체의 기관인 지방의회는 지역주민이 선출한 지방의회의원으로 구성된 주민의 대표기관으로서 지방행정사무와 법령의 범위 안에서의 지방자치단체의 의사를 결정하며, 지방행정사무에 관한 조례를 제정하고, 집행기관의 업무를 감시, 감독하는 역할을 한다(헌재 2008. 6. 26. 2005헌라7 참조). 지방자치단체의 존재 자체를 부인하거나 각종 권한을 말살하는 것은 지방자치의 본질적 내용을 침해하는 것이다(헌재 2001. 11. 29. 2000헌바78 참조).

피청구인은 이 사건 포고령을 통하여 지방의회의 활동을 전면적으로 금지하였으므로, 이는 지방자치의 본질적 내용을 침해한 것이다. 피청구인은 지방의회의 활동도 반국가적 활동만을 금지한 것이라고 주장하나, 그와 같은 주장을 받아들일 수 없음은 국회 활동 금지 부분에서 살펴본 것과 같다.

(4) 헌법 제8조 위반 여부

앞에서 살펴본 것처럼 헌법은 오늘날 대의민주주의에서 정당이 갖는 의의와 기능을 고려하여 정당제도를 채택하고, 정당활동의 자유를 포함한 정당의 자유를 광범위하게 보장하고 있다.

피청구인은 이 사건 포고령을 통하여 모든 정당의 활동을 전면적으로 금지하였다. 이는 정당활동의 자유를 침해한 것일 뿐만 아니라, 헌법이 보장하고 있는 정당제도 자체를 부인하는 것으로서 헌법 제8조를 위반한 것이다.

(5) 국민주권주의 및 자유민주적 기본질서 위반 여부

우리 헌법의 전문과 본문 전체에 담겨 있는 최고 이념은 국민주권주의와 자유민주주의에 입각한 입헌민주헌법의 본질적 기본원리에 기초하고 있다. 기타 헌법상의 여러 원칙도 여기에서 연유되는 것이므로 이는 헌법을 비롯한 모든 법령해석의 기준이 되고, 입법형성권 행사의 한계와 정책결정의 방향을 제시하며, 나아가 모든 국가기관과 국민이 존중하고 지켜가야 하는 최고의 가치규범이다(헌재 1989. 9. 8. 88헌가6 참조).

주권자인 국민이 자신의 정치적 생각을 표현하거나 합법적인 집회와 시위를 통해 설파하는 것은 국가의 안전에 대한 위협이 아니라 우리 헌법의 근본이념인 '자유민주적 기본질서'의 핵심적인 보장 영역에 속하는 것이다. 정부에 대한 비판에 대하여 합리적인 홍보와 설득으로 대처하는 것이 아니라, 비판 자체를 원천적으로 배제하려는 공권력의 행사나 규범의 제정은 대한민국 헌법이 예정하고 있는 자유민주적 기본질서에 부합하지 아니하므로 그 정당성을 부여할 수 없다(헌재 2013. 3. 21. 2010헌바132등 참조).

피청구인은 이 사건 포고령을 통하여 국회의 활동을 금지하는 것에서 더 나아가, 일반 국민의 정치적 기본권, 언론·출판·집회·결사의 자유 등을 포괄적·전면적으로 제한하고 그 행사를 범죄행위로 규정하였다. 이는 위와 같은 기본권의 행사를 허용하면 국회와의 대립 상황을 타개하는 데에 지장을 초래한다는 판단하에 일반 국민의 비판 자체를 원천적으로 배제하기 위하여 이루어진 조치이므로, 헌법의 근본원리인 국민주권주의와 자유민주적 기본질서를 위반한 것이다.

(6) 헌법 제77조 제3항 및 계엄법 제9조 제1항 위반 여부

(가) 헌법 제77조 제3항은 비상계엄이 선포된 때에는 법률이 정하는 바에 의하여 영장제도, 언론·출판·집회·결사의 자유에 관하여 특별한 조치를 할 수 있다고 규정하고 있다. 이에 따라 계엄법 제9조 제1항은 비상계엄지역에서 군사상 필요할 때에는 계엄사령관이 국민의 기본권을 제한하는 특별한 조치를 취할 수 있도록 하면서, 그 대상을 체포·구금·압수·수색·거주·이전·언론·출판·집회·결사 또는 단체행동으로 한정하고 있다.

헌법 제77조 제1항 및 계엄법 제2조 제2항이 규정한 비상계엄 선포의 요건에 비추어 볼 때, 계엄법 제9조 제1항에서 정한 '군사상 필요할 때'는 전시·사변 또는 이에 준하는 국가비상사태로 적과 교전 상태에 있거나 사회질서가 극도로 교란되어 행정 및 사법 기능의 수행이 현저히 곤란한 상태가 현실적으로 발생하여 경력(警力)만으로는 도저히 비상사태의 수습이 불가능하고 병력을 동원하여 그러한 상황에 이른 직접적인 원인을 제거하는 것이 반드시 필요하게 된 때를 뜻한다(대법원 2018. 11. 29. 선고 2016도14781 판결 참조). 또한 헌법상 국가긴급권의 인정 취지 및 계엄사령관의 특별한 조치가 국민의 기본권을 제한하는 점을 고려하면, 특별한 조치는 위기상황의 직접적인 원인을 제거하는 데 필수불가결한 최소한도 내에서만 취해질 수 있다(헌재 1996. 2. 29. 93헌마186; 헌재 2015. 3. 26. 2014헌가5 참조).

(나) 앞에서 살펴본 것처럼 이 사건 계엄 선포 당시 전시·사

변 또는 이에 준하는 국가비상사태가 발생하였다거나, 적과 교전 상태에 있거나 사회질서가 극도로 교란되어 행정 및 사법 기능의 수행이 현저히 곤란한 상태가 발생하였다고 볼 수 없으므로, 계엄법 제9조 제1항에서 정한 '군사상 필요할 때'에 해당한다고도 할 수 없다. 그럼에도 불구하고 피청구인은 이 사건 포고령을 통하여 국민의 기본권을 제한하였으므로, 계엄법 제9조 제1항을 위반하였다.

(다) 또한 계엄법 제9조 제1항은 계엄사령관의 특별한 조치의 대상을 '체포·구금·압수·수색·거주·이전·언론·출판·집회·결사 또는 단체행동'으로 한정하고 있다. 그런데 피청구인은 이 사건 포고령을 통하여 국회와 지방의회, 정당의 활동과 일체의 정치활동을 금지함으로써 정치적 기본권, 정당의 자유를 제한하였고, 의료현장을 이탈한 모든 의료인으로 하여금 48시간 내에 본업에 복귀하도록 함으로써 직업의 자유도 제한하였다. 따라서 피청구인은 계엄법 제9조 제1항이 규정하지 아니한 헌법상 권리 또는 자유를 제한하였다는 점에서도 위 조항을 위반한 것이다.

(라) 이 사건 포고령은 국회, 지방의회 및 정당의 활동을 전면적으로 금지하고, 일체의 정치활동을 금지하며, 모든 언론과 출판이 계엄사령부의 통제를 받도록 하고, 사회혼란을 조장하는 파업, 태업, 집회를 전면적으로 금지하며, 모든 의료인으로 하여금 48시간 내에 본업에 복귀하여 근무하도록 하는 등 국민의 기본권을 광범위하게 제한하는 내용을 담고 있다.

이 사건 포고령 제6항은 "반국가세력 등 체제전복세력을 제외한 선량한 일반 국민들은 일상생활에 불편을 최소화할 수 있도록 조치한다."라고 규정하고 있으나, '선량한 일반 국민'과 '일상생활에 불편'이 의미하는 바가 불분명하여 집행기관이 이를 자의적으로 해석할 위험이 있을 뿐만 아니라, 위 규정을 감안하더라도 이 사건 포고령에 의한 기본권 제한이 위기상황의 직접적인 원인을 제거하는 데 필수불가결한 최소한도 내에서 이루어졌다고 볼 수 없다.

그렇다면 피청구인은 헌법 제77조 제3항 및 계엄법 제9조 제1항을 위반하여 이 사건 포고령을 발령하게 함으로써 국민의 정치적 기본권, 언론·출판·집회·결사의 자유, 정당의 자유, 단체행동권, 직업의 자유, 신체의 자유를 침해하였다.

(7) 영장주의 위반 여부

헌법 제12조 제3항 본문은 "체포·구속·압수 또는 수색을 할 때에는 적법한 절차에 따라 검사의 신청에 의하여 법관이 발부한 영장을 제시하여야 한다."라고 규정하고, 헌법 제16조는 "주거에 대한 압수나 수색을 할 때에는 검사의 신청에 의하여 법관이 발부한 영장을 제시하여야 한다."라고 규정함으로써 영장주의를 헌법적 차원에서 보장하고 있다. 우리 헌법이 채택하여 온 영장주의는 형사절차와 관련하여 체포·구속·압수·수색의 강제처분을 함에 있어서는 사법권 독립에 의하여 신분이 보장되는 법관이 발부한 영장에 의하지 않으면 아니 된다는 원칙이다. 따라서 헌법상 영장주의의 본질은 체포·구속·압수·수색 등 기본권을 제한하는 강제처분을 함에 있어서는 중립적인 법관의 구체적 판단을 거쳐야 한다는 데에 있다(헌재 2018. 6. 28. 2012헌마191등 참조).

비상계엄지역에서 군사상 필요가 인정되어 특별한 조치로서 사전영장주의의 예외를 인정하는 경우에도 영장주의의 본질을 침해하는 것은 허용될 수 없으므로, 수사기관의 강제처분이 영장 없이 이루어지는 경우 조속한 시간 내에 법관에 의한 사후심사가 이루어질 수 있는 장치가 마련되어야 한다(헌재 2012. 12. 27. 2011헌가5; 헌재 2013. 3. 21. 2010헌바132등 참조).

피청구인은 이 사건 포고령을 통하여 '일체의 정치활동', '자유민주주의 체제를 부정하거나, 전복을 기도하는 일체의 행위', '사회혼란을 조장하는 파업, 태업, 집회행위' 등 광범위한 행위를 금지하고 그 위반자에 대해서 영장 없이 체포·구금·압수·수색을 할 수 있도록 하였다. 이는 어떠한 제약 조건도 두지 아니하고 법관의 구체적 판단 없이 체포·구금·압수·수색을 할 수 있도록 하고, 이에 대하여 법관에 의한 사후적 심사장치도 두지 아니한 것이므로, 국가긴급권이 발동되는 상황이라 하더라도 지켜져야 할 영장주의의 본질을 침해하는 것이다.

(8) 헌법에 따른 국군통수의무 등 위반 여부

앞에서 살펴본 것처럼 피청구인은 국회와의 대립 상황을 타개하는 등의 의도로 계엄사령관으로 하여금 이 사건 포고령을 발령하게 하였다. 따라서 피청구인은 국군의 정치적 중립성에 반하

여 국군통수권을 행사하였으므로, 헌법 제5조 제2항 및 제74조
제1항을 위반하였다.

(9) 소결

피청구인은 계엄사령관으로 하여금 이 사건 포고령을 발령하
게 함으로써 헌법 제5조 제2항, 제74조 제1항, 제77조 제5항, 대
의민주주의, 권력분립원칙을 위반하였고 국민의 대표인 국회의
원의 심의·표결권 등 헌법상 권한을 침해하였으며, 지방자치의
본질적 내용을 침해하고 헌법 제8조, 국민주권주의 및 자유민주
적 기본질서를 위반하였다. 나아가 피청구인은 이 사건 포고령을
통하여 헌법 제77조 제3항 및 계엄법 제9조 제1항, 영장주의를 위
반하여 국민의 정치적 기본권, 언론·출판·집회·결사의 자유, 정
당의 자유, 단체행동권, 직업의 자유, 신체의 자유를 침해하였다.

8. 중앙선관위에 대한 압수·수색에 관한 판단

가. 인정 사실

(1) 피청구인은 2023년 행해진 선관위에 대한 국정원의 보안
점검 이후에도 부정선거에 관한 의혹이 해소되지 않고 있다며,
'선관위는 헌법기관이고 사법부 관계자들이 위원으로 있어 평시
상황에는 영장에 의한 압수·수색이나 강제수사가 사실상 불가능
하다'는 이유를 들어, 국방부장관 김용현에게 비상계엄이 선포되
면 이 기회에 병력을 동원하여 선관위의 전산시스템을 전반적으
로 점검해보라고 지시하였다.

(2) 정보사령부 소속 군인 10여 명은 이 사건 계엄 선포 직후 중앙선관위 과천청사에 들어가 야간 당직자들의 휴대전화를 압수하고 이들에 대한 행동감시 및 외부연락 차단, 출입통제를 하였으며, 통합선거인명부시스템 서버 등 전산시스템을 촬영한 다음 대기하다가, 비상계엄해제요구 결의안이 가결된 후 철수하였다.

육군특수전사령부 소속 군인들은 중앙선관위 과천청사, 관악청사, 수원연수원(이하 위 세 청사를 모두 합하여 '중앙선관위 청사'라 한다)으로 출동하여, 중앙선관위 과천청사의 경우 건물 내외부에서, 나머지의 경우 건물 외부에서 각각 경계근무를 하다가, 비상계엄해제요구 결의안이 가결된 후 철수하였다.

국군방첩사령부 소속 군인들은 부정선거 의혹과 관련한 자료를 확인할 수 있도록 중앙선관위 청사의 서버 등 전산시스템을 확보하라는 지시를 받고 출동하였으나, 법무실의 검토의견에 따라 목적지에 도착하기 전에 대기하다가, 비상계엄해제요구 결의안이 가결된 후 철수하였다.

나. 판단

(1) 영장주의 위반 여부

(가) 피청구인은 영장에 의한 압수·수색을 통한 부정선거의 의혹 확인이 사실상 불가능하다는 등의 이유에서, 군인을 동원한 유형력을 행사하여 선관위의 전산시스템을 점검하도록 하였다는 것인바, 이는 결국 영장 없는 압수·수색의 강제처분을 지시한 것

이라 할 수 있다. 앞서 살펴본 바와 같이, 현행 헌법상 압수·수색은 제77조 제3항, 제12조 제3항, 제16조에서 엄격한 요건하에서만 허용되는 예외에 해당하지 않는 한, 법관이 발부한 영장에 의하여야 한다.

(나) 먼저 헌법 제77조 제3항에 규정된 예외에 해당하는지 본다. 위 조항 및 계엄법 제9조 제1항에 따르면, 비상계엄지역에서 '군사상 필요할 때' 계엄사령관이 압수·수색에 대하여 특별한 조치를 할 수 있으나 이 경우 '계엄사령관은 그 조치내용을 미리 공고'하여야 한다. 그런데 앞서 살펴본 바와 같이 이 사건 계엄 선포 당시의 상황이 위 조항의 특별한 조치가 군사상 필요한 경우였다고 볼 수 없고, 계엄사령관 박안수가 관련된 조치내용을 미리 공고한 바도 없다. 따라서 헌법 제77조 제3항에 규정된 예외의 요건은 충족되지 않는다.

(다) 다음으로 헌법 제12조 제3항 단서 및 제16조 후문 해석상 인정되는 예외에 해당하는지 본다. 헌법 제12조 제3항 단서는 '현행범인인 경우와 장기 3년 이상의 형에 해당하는 죄를 범하고 도피 또는 증거인멸의 염려가 있을 때에는 사후에 영장을 청구할 수 있다'고 하여 영장주의의 예외를 명문으로 인정하고, 헌법 제16조 후문은 그 해석상 '그 장소에 범죄혐의 등을 입증할 자료나 피의자가 존재할 개연성이 소명되고, 사전에 영장을 발부받기 어려운 긴급한 사정이 있는 경우' 영장주의의 예외를 허용한다(헌재 2018. 4. 26. 2015헌바370등 참조). 피청구인은 선관위가 헌법기관이

고 사법부 관계자들이 위원으로 있어 영장에 의한 압수·수색이 사실상 불가능하다는 이유를 들고 있으나, 앞서 살펴본 바와 같이 선관위는 수사기관의 압수·수색에 응하여 왔고, 그러한 이유만으로 사전에 영장을 발부받기 어려운 긴급한 사정 등을 인정할 수는 없다. 따라서 헌법 제12조 제3항 단서 및 제16조 후문 해석상 인정되는 예외의 요건도 충족되지 않는다.

(라) 결국 피청구인이 선관위에 대하여 영장 없는 압수·수색을 하도록 한 행위는 영장주의에 위반된다.

(2) 선관위의 독립성 침해 여부

(가) 오늘날의 대의민주주의에서 선거는 국민이 대표자를 결정·구성하는 방법이자 선출된 대표자에게 민주적 정당성을 부여함으로써 국민주권주의 원리를 실현하는 핵심적인 역할을 수행한다. 선거관리가 공정하게 이루어지지 못한다면 그 선거는 본래의 민주정치적 기능을 발휘하지 못하고 하나의 형식적인 기능에 그치고 말 것이다. 선거관리사무의 담당기관을 일반행정기관과는 별도의 독립기관으로 구성해야 한다는 요청이 나오는 것도 바로 이 때문이다(헌재 2008. 6. 26. 2005헌라7; 헌재 2025. 2. 27. 2023헌라5 참조).

(나) 행정부에 의해 관권선거가 자행된 이른바 3·15 부정선거로 대의민주주의와 국민주권주의의 위기를 경험한 우리 국민은, 헌법적 결단을 통해 1960. 6. 15. 헌법 개정(제3차 개정헌법) 이래

로 선거관리사무를 행정부로부터 기능적·조직적으로 분리하여 독립된 헌법기관에 맡기고 있다. 현행 헌법 역시 제7장에서 '선거관리'라는 표제하에 선거와 국민투표의 공정한 관리 및 정당에 관한 사무의 처리를 담당하는 독립된 합의제 헌법기관으로 선거관리위원회를 두면서, 그 구성에 대통령, 국회, 대법원장이 동등하게 참여하도록 하고 위원의 임기와 신분을 보장하며 규칙제정권도 부여하고 있다(제114조). 선거관리사무는 그 성격상 행정작용에 해당함에도 불구하고 우리 헌법이 위와 같이 해당 사무의 주체를 독립된 합의제 헌법기관으로 규정하면서 그 독립성과 중립성을 강조하는 체계를 택한 것은, 공정한 선거관리를 위해서는 외부 권력기관, 특히 대통령을 수반으로 하는 행정부의 영향력을 제도적으로 차단하여야 한다는 확고한 의사가 반영된 것이다(헌재 2025. 2. 27. 2023헌라5 참조).

(다) 그런데 피청구인은 헌법과 법률이 예정하지 않은 방법으로 군대를 동원하여 중앙선관위 청사에 무단으로 들어가 선거관리에 사용되는 전산시스템을 압수·수색하도록 하였다. 이는 선관위의 선거관리사무에 대한 부당한 간섭이자 선거가 지니는 본래의 민주정치적 기능에 위협을 가하는 행위로서, 선관위의 독립성을 철저히 보장하고자 하는 우리 헌법의 취지에 반하는 것이다.

(3) 피청구인의 주장에 대한 판단

피청구인은 선관위의 전산시스템에 대한 점검이, 계엄법 제7

조 제1항에 따라 계엄사령관이 관장하는 행정사무의 집행 차원에서 행해진 것이라고 주장한다. 그러나 우리 헌법이 선거관리사무를 일반행정사무와 기능적으로 분리하여 규정하고 있다는 점에 주목한다면(헌재 2008. 6. 26. 2005헌라7 참조) 선거관리사무에는 원칙적으로 위 조항이 적용되기 어렵다고 할 것이고, 설령 적용될 여지가 있다고 하더라도 피청구인의 주장은 다음과 같은 이유에서 받아들일 수 없다.

위 조항의 취지는, 전시·사변 또는 이에 준하는 국가비상사태로 행정 기능의 수행이 현저히 곤란한 경우에 계엄사령관으로 하여금 그 기능이 마비되지 않도록 방지하거나 정상적으로 유지·회복될 수 있도록 하는 데 필요한 조치를 할 수 있도록 한 것이다. 따라서 해당 기관의 통상적인 기능수행을 전면적으로 인수한다는 의미가 아니라, 계엄 목적의 달성에 반드시 필요한 한도 내에서 해당 기관의 담당 사무가 정상적으로 수행될 수 있도록 하는 개별적·구체적 조치에 한하여 할 수 있다는 의미로 새김이 상당하다. 선관위는 선거와 국민투표의 공정한 관리 및 정당에 관한 사무를 수행하고 있고(헌법 제114조 제1항), 이 사건 계엄 선포 당시 선관위가 위 사무를 정상적으로 수행할 수 없는 상태에 있지 않았다. 피청구인은 부정선거에 관한 의혹을 해소할 필요가 있었다고 주장하나, 이를 이유로 한 전산시스템의 점검이 선관위의 기능이 마비되는 것을 방지하거나 이를 유지·회복하기 위하여 병력을 동원하면서까지 반드시 취하여야 할 조치에 해당한다고 보기는 어렵다.

(4) 소결

그렇다면 피청구인은 영장주의의 예외에 해당하는 사유가 없음에도 선관위에 대하여 영장 없이 압수·수색하도록 함으로써 영장주의를 위반하였고, 행정부 수반의 지위에서 독립된 헌법기관인 선관위에 대하여 헌법과 법률이 예정하지 않은 방법으로 군대를 동원한 압수·수색을 함으로써 선관위의 독립성도 침해하였다.

9. 법조인에 대한 위치 확인 시도에 관한 판단

가. 인정 사실

피청구인이 이 사건 계엄 선포 직후 국정원 1차장 홍장원에게 전화하여 국군방첩사령부를 도우라고 한 사실, 그 무렵 국군방첩사령관 여인형은 국방부장관 김용현으로부터 이 사건 명단의 사람들에 대하여 위치 확인 등 동정을 파악하라는 지시를 받고 조지호에게 위치 확인을 요청한 사실, 홍장원이 여인형에게 전화하여 피청구인의 전화를 받았다고 하자 여인형이 이 사건 명단과 대부분 일치하는 명단을 불러주면서 위치 확인을 요청한 사실, 이 사건 명단의 사람들에 대한 위치 확인은 실제로 행해지지 않은 사실 등은 앞서 본 바와 같다. 이러한 사실들에 비추어 볼 때, 피청구인이 이 사건 명단의 사람들에 대하여 체포까지 할 것을 지시하였는지 여부는 불분명하다고 하더라도 필요시 체포할 목적으로 행해진 위 사람들에 대한 위치 확인 시도가 피청구인의 의사와 무관하게 이루어졌다고 보기 어려운 점 역시 앞서 본 바와 같다. 그런데 이 사건 명단에는 전 대법원장 김명수 및 전 대법관 권순일도 포함되어 있었다.

나. 판단

(1) 사법권의 독립 침해 여부

(가) 헌법 제101조 제1항은 사법권을 법관으로 구성된 법원에 속하도록 규정하여 조직·운영·기능의 면에서 법원의 독립을 보장하고, 제103조는 법관이 재판을 함에 있어 법과 양심에 따른 구속 이외에 어떠한 외부적인 압력이나 간섭을 받지 않도록 법관의 직무상 독립, 즉 재판상 독립을 보장하고 있다. 또한 헌법은 법관의 자격을 법률로 정하도록 하고 임기를 보장하는 한편 자의적인 파면이나 불이익한 처분을 받지 않도록 하는 등 법관의 신분도 보장하고 있다(제101조 제3항, 제105조, 제106조 제1항 등). 이와 같은 법원의 독립, 법관의 재판상 독립, 신분보장 등은 모두 사법권의 독립을 구성하는 요소들이다. 사법권의 독립은, 권력분립원칙을 중추적 내용의 하나로 하는 자유민주주의 체제의 특징적 지표이자 법치주의의 한 요소를 이룸과 동시에, 헌법 제27조에서 보장하는 국민의 재판청구권이 올바로 행사되도록 하기 위한 측면에서 그 의의가 있다(헌재 2016. 9. 29. 2015헌바331 참조). 또한 사법부가 행정부 및 입법부를 견제하는 데에도 중요한 역할을 수행하기 때문에, 모든 국가기관에게는 사법권의 독립을 지키고 존중할 의무가 있으며 과도한 간섭과 통제 등으로 이를 침해하여서는 안 된다.

(나) 행정부의 수반인 피청구인은, 퇴임한 지 얼마 되지 않은 전 대법원장 김명수 및 전 대법관 권순일에 대하여 필요시 체포할 목적으로 행해진 위치 확인 지시에 관여하였다. 이는 현직 법관들로 하여금 자신들도 언제든지 행정부에 의하여 체포 대상이 될 수도 있다는 압력을 받게 하여 소신 있는 재판업무 수행에 중대한 위협이 될 수 있다(헌재 1992. 11. 12. 91헌가2 참조). 이와 같이 개별 법관의 신분보장 및 재판상 독립에 위협을 주는 행위는 종국적으로 법원 전체의 독립을 뒤흔드는 결과로 이어져, 국민의 공정한 재판을 받을 권리를 보장하고 법치주의 및 권력분립원칙을 실현하기 위해 마련된 사법권 독립의 제도적 기반까지 무너뜨릴 수 있다.

(2) 소결

그렇다면 피청구인은 행정부 수반의 지위에서 전 대법원장 김명수 및 전 대법관 권순일에 대하여 필요시 체포할 목적으로 행해진 위치 확인 지시에 관여함으로써 사법권의 독립을 침해하였다.

10. 피청구인을 파면할 것인지 여부

가. 법 위반의 중대성에 관한 판단 기준

앞에서 살펴본 것처럼 헌법재판소법 제53조 제1항은 '탄핵심판 청구가 이유 있는 경우' 피청구인을 파면하는 결정을 선고하도록 규정하고 있으며, 대통령에 대한 탄핵심판사건에서 '탄핵심판 청구가 이유 있는 경우'란 대통령의 파면을 정당화할 수 있을 정도로 중대한 헌법이나 법률 위배가 있는 때를 말한다(헌재 2017. 3. 10. 2016헌나1 참조).

대통령의 파면을 정당화할 수 있는 헌법이나 법률 위배의 중대성을 판단하는 기준은 탄핵심판절차가 헌법을 수호하기 위한 제도라는 관점과 파면결정이 대통령에게 부여한 국민의 신임을 박탈한다는 관점에서 찾을 수 있다. 탄핵심판절차가 궁극적으로 헌법의 수호에 기여하는 절차라는 관점에서 보면, 파면결정을 통하여 손상된 헌법질서를 회복하는 것이 요청될 정도로 대통령의 법 위배 행위가 헌법 수호의 관점에서 중대한 의미를 가지는 경우에 비로소 파면결정이 정당화된다. 또 대통령이 국민으로부터 직접 민주적 정당성을 부여받은 대의기관이라는 관점에서 보면, 대통령에게 부여한 국민의 신임을 임기 중 박탈하여야 할 정도로 대통령이 법 위배 행위를 통하여 국민의 신임을 배반한 경우에 한하여 대통령에 대한 탄핵사유가 존재한다고 보아야 한다(헌재 2004. 5. 14. 2004헌나1; 헌재 2017. 3. 10. 2016헌나1 참조).

나. 판단

(1) 헌법수호의 관점에서 법 위반이 중대한지 여부

(가) 국민주권주의 및 민주주의에 대한 위반

헌법 제1조 제1항은 "대한민국은 민주공화국이다."라고 규정

 이는 국가권력의 형성과 행사가 국가의 특정 계급이나 특정 집단에 의해 독점적으로 지배되지 않는다는 점을 분명히 한 것이다.

헌법 제40조, 제41조 제1항, 제66조 제4항, 제67조 제1항은 대의민주주의를 채택함으로써 민주주의 원리를 구체화하고 있다. 대의민주주의에서 주권자인 국민은 선거를 통해 국회의원을 선출하고, 국회의원은 국민의 대표로서 국민에 대하여 자신의 결정에 대한 정치적 책임을 진다. 국회는 국민의 대표로 구성된 다원적 인적 구성의 합의체로서 일반 국민과 야당의 비판을 허용하고 공개적 토론을 통하여 국민의 다양한 견해와 이익을 인식하고 교량하는 민주적 절차를 통하여 입법기능, 정부감독기능, 재정에 관한 기능 등을 수행한다(헌재 2003. 10. 30. 2002헌라1; 헌재 2004. 3. 25. 2001헌마882 참조). 요컨대, 국회는 국민주권주의에 입각한 민주국가를 실현하는 국민의 대표기관이다.

피청구인은 이 사건 계엄 선포 및 이 사건 포고령을 통하여 국회의 활동을 전면적으로 금지하였고, 국회의 헌법상 권한행사를 막을 의도로 국회에 군경을 투입시켜 국회 출입을 통제하였으며, 본회의장에서 국회의원들을 끌어내라고 지시함으로써 국민의 대표기관인 국회의 권한행사를 방해하였다.

그 뿐만 아니라, 피청구인은 국민이 정치적인 반대의사를 표시하는 것을 원천적으로 배제하기 위하여 이 사건 포고령을 통하여 정당의 활동과 정치적 결사, 집회, 시위 등 일체의 정치활동을 금지하고, 모든 언론과 출판은 계엄사령부의 통제를 받도록 함으로써 모든 국민의 정치적 표현의 자유를 전면적·포괄적으로 박탈하였다.

피청구인의 이와 같은 행위는 자유민주적 기본질서를 침해한 것으로서 국민주권주의 및 민주주의에 대한 중대한 위반 행위에 해당하고, 그로 인하여 헌법질서에 미친 부정적인 영향도 엄중하다.

(나) 헌법이 정한 통치구조에 대한 부인

헌법은 주권자인 국민으로부터 국가권력의 행사를 위임받은 국가기관이 그 권력을 남용하는 것을 방지하기 위하여 국가권력을 행사하는 여러 권한과 기능들을 분산시키고 권력 상호 간의 견제와 균형을 이루도록 하는 권력분립원칙을 채택하고 있다(헌재 2007. 12. 27. 2004헌바98 참조).

또한 집권세력이 특정 기능을 담당하는 국가조직을 이용하여 국민의 기본권과 헌법적 가치를 침해한 우리나라의 아픈 역사적 경험에 대한 반성으로, 헌법은 국군의 정치적 중립성을 명시하고(헌법 제5조 제2항, 헌재 2018. 7. 26. 2016헌바139 참조), 각종 선거 및 투표관리 등에 관한 사무를 일반행정업무와 기능적으로 분리해 독립된 헌법기관인 선관위에 맡김으로써(헌법 제114조, 제115조, 헌재 2008. 6. 26. 2005헌라7 참조), 집권세력의 부당한 이용과 간섭을 제도적으로 배제 내지 견제할 수 있도록 하고 있다.

현행 헌법은 장기독재의 가능성을 차단하기 위하여 대통령의 국회해산권을 폐지하였고, 제77조 제5항에서 대통령의 계엄 선포권을 통제할 수 있는 계엄해제요구권을 국회에 부여하고 있다. 그럼에도 불구하고, 피청구인은 국회와의 대립 상황을 타개할 의도로 이 사건 계엄을 선포하였고, 국회의 활동을 전면적으로 금지하는 이 사건 포고령을 발령하게 하였으며, 군경을 동원하여 국회의 권한행사를 저지하려 하였다. 또한 피청구인은 이 사건 포고령을 통하여 헌법이 정한 지방자치단체의 기관인 지방의회의 활동을 전면적으로 금지함으로써 지방자치의 본질적 내용을 침해하였고, 필요시 체포할 목적으로 행해진 법조인에 대한 위치확인 지시에 관여함으로써 사법권의 독립을 침해하였다. 피청구인의 이와 같은 행위는 법치국가원리의 기본요소인 권력분립원칙을 중대하게 위반한 것이다.

또한 피청구인은 부정선거 의혹을 해소하기 위하여 이 사건 계엄 선포와 동시에 군경을 보내어 중앙선관위 청사를 점거하고 선거관리에 사용되는 전산시스템 등을 압수·수색하도록 하였다. 이러한 피청구인의 행위는 선거관리사무를 부당하게 간섭하여 선관위의 독립성을 침해한 것으로서 그 위반이 중대하다.

나아가 피청구인은 국회와의 대립 상황을 타개할 의도로 병력을 동원하여 위와 같은 행위들을 하였다. 이는 국군의 정치적 중립성에 반하여 국군통수권을 행사한 것일 뿐만 아니라, 그로 인하여 국가의 안전보장과 국토방위의 신성한 의무를 수행함을 사명으로 하여 나라를 위하여 봉사해 온 국군의 사기를 저하시키고 국군에 대한 국민의 신뢰를 훼손시켰으므로, 그 위반이 매우 중대하다.

결국 피청구인은 헌법이 정한 통치구조에 부합하게 권한을 행사하지 아니하고 계엄 선포권 및 국군통수권을 남용하여 국회, 지방의회의 권한, 사법권 및 선관위의 독립성을 침해하였으며, 국군의 정치적 중립성을 훼손하였으므로, 이는 법치국가원리를 위반한 행위에 해당하고, 그 위반의 정도와 그로 인하여 헌법질서에 미친 부정적인 영향도 중대하다.

(다) 국민의 기본권에 대한 중대한 침해

피청구인은 행정부의 수반으로서 국가가 개인이 가지는 불가침의 기본적 인권을 확인하고 이를 보장할 의무를 충실하게 이행할 수 있도록 권한을 행사하고 직책을 수행하여야 할 의무를 진다(헌법 제10조, 헌재 2017. 3. 10. 2016헌나1 참조).

서울고등법원은 1979. 10. 27.자 계엄포고 제1호가 영장주의와 죄형법정주의의 명확성원칙에 위배되고, 언론·출판·집회·결사의 자유 등을 침해하여 위헌·무효라고 판단하였고(서울고등법원 2021. 11. 11. 선고 2020재노26 판결 참조), 대법원 역시 위 계엄포고와 유사한 내용을 규정하고 있었던 1979. 10. 18.자 비상계엄 선포에 따른 계엄포고 제1호 등을 위헌·무효로 판단하였다(대법원 2018. 11. 29. 선고 2016도14781 판결; 대법원 2018. 12. 13. 선고 2016도1397 판결; 대법원 2018. 12. 13.자 2015모2381 결정; 대법원 2018. 12. 28.자 2017모107 결정; 대법원 2019. 1. 31. 선고 2018도6185 판결 참조).

그럼에도 불구하고 피청구인은 위 1979. 10. 27.자 계엄포고

제1호 등을 참고하여 작성된 이 사건 포고령을 발령하게 하였다. 이 사건 포고령은 국회, 지방의회 및 정당의 활동을 전면적으로 금지하고, 일체의 정치활동을 금지하며, 모든 언론과 출판이 계엄사령부의 통제를 받도록 하고, 사회혼란을 조장하는 파업, 태업, 집회를 전면적으로 금지하며, 모든 의료인으로 하여금 48시간 내에 본업에 복귀하여 근무하도록 하는 등 국민의 자유를 광범위하게 제한하면서, 이를 위반하면 영장 없이 체포·구금·압수·수색하고 계엄법 제14조에 의하여 처단한다는 내용을 담고 있다.

결국 피청구인은 헌법과 법률을 위반하여 이 사건 계엄을 선포하고 이 사건 포고령을 발령하게 함으로써 국민의 기본권을 포괄적·전면적으로 침해하였으므로 그 법 위반의 정도가 엄중하고, 헌법질서에 미치는 부정적 영향 역시 매우 크다.

(라) 피청구인은 이 사건 계엄이 야당의 전횡과 국정 위기상황을 국민에게 알리고 호소하기 위한 목적으로 즉각적인 해제를 전제로 하여 잠정적·일시적 조치로서 선포된 '경고성 계엄' 또는 '호소형 계엄'인 점, 국회가 비상계엄해제요구 절차를 신속하게 진행하였을 만큼 의정활동이 정상적으로 이루어진 점, 국회의 비상계엄해제요구에 따라 약 6시간 만에 이 사건 계엄을 해제한 점, 언론·출판·집회·결사의 자유가 실질적으로 봉쇄된 구체적인 사례도 전혀 확인되지 않는 점, 실제로 정치인 등에 대한 체포가 이루어지지 않은 점 등을 들어 피청구인의 법 위반이 중대하지 않다는 취지로 주장한다.

그러나 앞에서 살펴본 것처럼 피청구인이 선포한 비상계엄과 그에 수반하여 행한 일련의 헌법 및 법률 위반 행위들은 그 즉시 헌법적 가치와 기본권을 침해하게 된다는 점에서 단순히 '경고성 계엄' 또는 '호소형 계엄'에 불과하다고 볼 수 없다. 피청구인이 이 사건 계엄을 선포한 후 군경을 투입시켜 국회의 헌법상 권한행사를 방해함으로써 국민주권주의 및 민주주의를 부정하고, 병력을 투입시켜 중앙선관위를 압수·수색하도록 하는 등으로 헌법이 정한 통치구조를 무시하고, 이 사건 포고령을 발령함으로써 국민의 기본권을 광범위하게 침해한 일련의 행위는 법치국가원리와 민주국가원리를 구성하는 기본원칙들을 위반한 것으로서 그 자체로 헌법질서를 침해하고 민주공화정의 안정성에 심각한 위해를 끼쳤으므로, 헌법수호의 관점에서 용납될 수 없는 중대한 법 위반에 해당한다.

피청구인의 국회 통제 등에도 불구하고 국회가 신속하게 비상계엄해제요구 결의안을 가결시킬 수 있었던 것은 시민들의 저항과 군경의 소극적인 임무 수행 덕분이었으므로, 결과적으로 비상계엄해제요구 결의안이 가결되었다는 이유로 피청구인의 법 위반이 중대하지 않다고 볼 수는 없다. 또한 이 사건 포고령의 발령과 동시에 국민의 기본권이 광범위하게 침해되었으며, 피청구인은 계엄사령관 박안수에게 전화하여 경찰청장 조지호에게 이 사건 포고령의 내용을 알려주라고 하였고 조지호에게 직접 6차례 전화하였으므로, 그 외에 이 사건 포고령 위반을 이유로 한 추가적인 조치가 취해지지 않았다는 이유로 피청구인의 법 위반이 중대하지 않다고 볼 수도 없다. 피청구인이 국회의 비상계엄해제요구를 받아들여 이 사건 계엄을 해제한 것은 사실이나, 이는 국회의 계엄해제요구에 따른 계엄해제의무를 위반하지 않았다는 것을 보여줄 뿐, 더 나아가 이미 피청구인이 행한 법 위반까지 중대하지 않다고 평가할 수는 없다.

(마) 청구인이 피청구인의 이 사건 계엄 선포를 비롯한 일련의 행위에 대하여 내란죄 등 형법 위반 행위로 구성하였다가 이를 헌법 위반 행위로 포섭하여 주장하였다는 점은 앞의 적법요건 판단부분에서 본 바와 같다. 헌법재판소는 이 사건에서 위 행위와 관련된 사실관계를 헌법 및 계엄법 등 위반의 법률적 관계에 포섭하여 심리하였고, 이를 토대로 피청구인의 법 위반이 중대하다고 판단하였다. 이러한 점에 비추어 볼 때, 이 사건에서 내란죄 등 형법 위반 여부에 관한 판단은 없었더라도 그와 관련된 사실관계에 대한 심리를 거쳐 헌법 및 계엄법 등 위반에 대한 판단을 하고 이를 토대로 그 법 위반의 중대성을 판단하고 있으므로, 피청구인의 법 위반의 중대성에 대한 판단이 잘못되었다거나 부족하다고 볼 수 없다.

(2) 국민의 신임을 배반한 행위에 해당하는지 여부

(가) 국가긴급권 남용의 역사 재현

우리나라 국민은 오랜 기간 국가긴급권의 남용에 희생당해 온 아픈 경험을 가지고 있다. 1952년에는 이승만 전 대통령이 부산에서 이른바 '정치파동'을 일으켜 계엄을 선포한 후 대통령 직선제를 골자로 하는 개헌안을 통과시켰다. 박정희 전 대통령은 1971. 12. 6. 국가비상사태를 선포하였는데, 이를 법적으로 뒷받침하기 위하여 1971. 12. 27. 제정된 '국가보위에 관한 특별조치법'은 대통령이 그의 재량에 따라 비상사태를 선포하고 국민의 기본권을 정지시키고 국회에서 심의·확정한 예산안을 변경할 수 있는 등의 비상대권을 대통령에게 부여하였다(헌재 1994. 6. 30. 92헌가18; 헌재 2015. 3. 26. 2014헌가5 참조).

박정희 전 대통령은 1972. 10. 17. 대통령특별선언을 통하여 기존의 헌정질서를 중단시키고 이른바 유신체제로 이행하고자 그에 대한 저항을 사전에 봉쇄하기 위하여 비상계엄을 선포하였고(대법원 2018. 12. 13. 선고 2016도1397 판결 참조), 1979. 10. 18. 유신체제에 대한 국민적 저항인 부마민주항쟁(부마민주항쟁 관련자의 명예회복 및 보상 등에 관한 법률 제2조 제1호)을 탄압하기 위하여 비상계엄을 선포하였다(대법원 2018. 11. 29. 선고 2016도14781 판결 참조). 전두환, 노태우 전 대통령 등은 이른바 12·12군사반란으로 군의 지휘권과 국가의 정보기관을 장악한 뒤, 정권을 탈취하기 위하여 1980. 5. 17. 당시 대통령 등을 강압하여 비상계엄의 전국확대를 선포하게 하였다(대법원 1997. 4. 17. 선고 96도3376 판결 참조). 위 계엄 선포에는 모두 국민의 기본권을 광범위하게 제한하는 계엄포고가 수반되었다.

국가긴급권의 심각한 남용은 유신헌법(1972. 12. 27. 헌법 제8호로 전부개정된 헌법) 제53조에 근거한 긴급조치권의 발동에서도 나타났다. 긴급조치는 9차례에 걸쳐 발동되었는데, 국민의 기본권을 침해하는 위헌적인 내용으로 남용되었고, 이에 대한 반성으로 1980. 10. 27. 제8차 개헌에서 이를 폐지하고 비상조치 권한(제51조)으로 대체하였으며, 1987. 10. 29. 제9차 개헌에서는 비상조치 권한도 폐지하였다(헌재 2013. 3. 21. 2010헌바132등 참조).

대통령 유고를 이유로 1979. 10. 27. 선포된 계엄이 1981. 1. 24. 해제된 이후, 1993. 8. 12. '금융실명거래 및 비밀보장에 관한 긴급재정경제명령'이 발령된 외에는 이 사건 계엄 선포 전까지 국가긴급권이 행사되지 않았다. 이는 민주주의가 정착되고 국민의 헌법수호에 대한 의지가 확고해지면서 나타난 당연한 결과였다. 앞에서 본 것처럼 헌법재판소와 대법원 역시 과거 국가긴급권의 발동이 헌법에 위반됨을 확인함으로써 입헌민주주의를 공고히 하였다.

피청구인은 마지막 계엄이 선포된 때로부터 약 45년이 지난 2024. 12. 3. 또다시 정치적 목적으로 이 사건 계엄을 선포함으로써 국가긴급권을 남용하였다. 이 사건 계엄 선포 및 그에 수반하는 조치들은 사회적·경제적·정치적·외교적으로 엄청난 파장을 불러일으켰고, 이제는 더 이상 국가긴급권이 정치적 목적으로 남용되지 않을 것이라고 믿고 있었던 국민은 큰 충격을 받았다. 피청구인에 의한 국가긴급권의 남용은 국민의 헌법상 기본권을 침해하고 헌법질서를 침해하였을 뿐만 아니라, 대외신인도에 미치는 부정적 영향, 정치적 불확실성의 확대로 인한 외교적, 경제적 불이익 등을 고려할 때, 국익을 중대하게 해하였음이 명백하다.

(나) 대통령으로서의 권한행사에 대한 불신 초래

우리 헌법은 대통령을 행정부의 수반이자 국가원수로 규정하면서(제66조 제1항 및 제4항), 수많은 권한을 행사할 수 있도록 하고 있다. 그러나 대통령의 권한은 어디까지나 헌법에 의하여 부여받은 것이므로(헌재 2004. 5. 14. 2004헌나1 참조), 권한을 보유한다는 이유만으로 헌법적 한계를 벗어나 이를 자의적으로 행사할 수는 없는 것이다. 특히 우리 헌법이 택한 대통령제에서는 대통령의 권한행사가 국민의 기본권 및 헌법질서에 미치는 영향이 상당하므로, 그 행사에 더욱 신중을 기하여야 하고 다른 국가기관의 적절한 견제도 가해질 필요가 있다.

우리 헌법이 대통령에게 부여한 여러 권한들 가운데서도 '국가긴급권'은, 앞서 살펴본 바와 같이 평상시의 헌법질서만으로는 대처할 수 없는 중대한 위기상황에 대비하여 극히 예외적으로 인정되는 비상적 권한이므로, 그 행사에 있어서 헌법적 한계가 특히 엄격하게 준수될 필요가 있다(헌재 2015. 3. 26. 2014헌가5 참조). 그런데 피청구인은 야당의 전횡과 국정 위기상황을 국민에게 알리고 호소하기 위하여 이 사건 계엄을 선포하였다고 주장하는바,

이는 본래 그러한 목적으로 행사할 수 없는 계엄 선포권을 여소야대의 정치상황을 타개하기 위한 수단으로 이용하였다는 것과 다름없다. 또한 피청구인은 계엄의 형식을 갖추기 위하여 실제로 집행할 의사가 없음에도 이 사건 포고령을 발령케 하였다고 주장하나, 이는 대외적 구속력이 있는 법규명령으로서의 효력을 가지는 규범을 발령하면서 그 내용대로의 효력발생은 의도하지 않을 수도 있다는 것이어서 납득하기 어렵다. 나아가 피청구인은 비상계엄이 선포되었으므로 평상시에는 할 수 없었던 '선관위에 대한 영장 없는 압수·수색' 등을 시도하였다고 주장하는바, 그와 같은 조치들은 비상계엄하에서도 허용되지 않는 것들이다.

가장 신중히 행사되어야 할 권한 중 하나인 국가긴급권의 행사에 있어서 피청구인이 위와 같은 태도를 보인 점을 고려할 때, 만약 피청구인이 대통령으로서의 권한을 다시금 행사하게 된다면, 국민으로서는 피청구인이 헌법상 권한을 행사할 때마다 헌법이 규정한 것과는 다른 숨은 목적이 있는 것은 아닌지, 헌법과 법률을 위반한 것은 아닌지 등을 끊임없이 의심하지 않을 수 없을 것이다. 그렇다면 피청구인의 권한행사에 대한 불신은 점차 쌓일 수밖에 없고, 이는 국정운영은 물론 사회 전체에 극심한 혼란을 초래하게 될 것이다.

(3) 소결

이상과 같은 사정을 종합하여 보면, 청구인의 나머지 주장에 대하여 더 나아가 살피지 않더라도, 피청구인의 이 사건 헌법과 법률 위배 행위는 국민의 신임을 배반한 행위로서 헌법수호의 관점에서 용납될 수 없는 중대한 법 위배 행위에 해당한다. 피청구인의 법 위배 행위가 헌법질서에 미치게 된 부정적 영향과 파급효과가 중대하므로, 국민으로부터 직접 민주적 정당성을 부여받은 피청구인을 파면함으로써 얻는 헌법수호의 이익이 대통령 파면에 따르는 국가적 손실을 압도할 정도로 크다고 인정된다.

11. 결론

가. 대한민국은 민주공화국이다(헌법 제1조 제1항).

민주주의는, 개인의 자율적 이성을 신뢰하고 모든 정치적 견해들이 각각 상대적 진리성과 합리성을 지닌다고 전제하는 다원적 세계관에 입각한 것으로서, 대등한 동료시민들 간의 존중과 박애에 기초한 자율적이고 협력적인 공적 의사결정을 본질로 한다(헌재 2014. 12. 19. 2013헌다1 참조).

피청구인이 취임한 이래, 국회의 다수의석을 차지한 야당이 일방적으로 국회의 권한을 행사하는 일이 거듭되었고, 이는 피청구인을 수반으로 하는 정부와 국회 사이에 상당한 마찰을 가져왔다. 피청구인이 대통령에 취임하여 이 사건 계엄을 선포하기까지 2년 7개월도 안 되는 기간 동안 22건의 탄핵소추안이 발의되었다. 야당이 주도한 이례적으로 많은 탄핵소추로 인하여 여러 고위공직자의 권한행사가 탄핵심판 중 정지되었다. 국회의 예산안 심사도 과거에는 감액이 있으면 그 범위에서 증액에 대해서도 심사하여 반영되어 왔으나, 헌정 사상 최초로 국회 예산결산특별위원회에서 야당 단독으로 증액 없이 감액에 대해서만 의결을 하였다. 특히 국회 예산결산특별위원회는 대통령비서실, 국가안보실, 경찰청의 특수활동비, 검찰과 감사원의 특수활동비 및 특정업무경비 예산의 전액을 각 감액하는 의결을 하였는데, 이 가운데는 검찰의 국민생활침해범죄 수사, 사회적 약자 대상 범죄 수사, 마약 수사, 사회공정성 저해사범 수사, 공공 수사 등 수사 지원 관련 예산이 포함되어 있었다. 피청구인이 수립한 주요 정책들은 야당의 반대로 시행될 수 없었고, 야당은 정부가 반대하는 법률안들을 일방적으로 통과시켜 피청구인의 재의 요구와 재의에서 부결된 법률안의 재발의 및 의결이 반복되는 상황이 발생하였다. 그 과정에서 피청구인은 행정부의 수반이자 국가원수로서 야당의 전횡으로 국정이 마비되고 국익이 현저히 저해되어 가고 있다고 인식하여 이를 어떻게든 타개하여야만 한다는 막중한 책임감을 느끼게 되었을 것으로 보인다. 이 사건 계엄 선포 및 그에 수반한 조치들은 국정 최고책임자로서 피청구인이 가지게 된 이러한 인식과 책임감에 바탕을 둔 것으로 이해할 수 있다.

피청구인이 야당이 중심이 된 국회의 권한행사에 관하여 권력의 남용이라거나 국정 마비를 초래하는 행위라고 판단한 것은 그것이 객관적 현실에 부합하는지 여부나 국민 다수의 지지를 받고 있는지 여부를 떠나 정치적으로 존중되어야 한다.

다만, 피청구인 내지 정부와 국회 사이의 이와 같은 대립은 일방의 책임에 속한다고 보기는 어려우며, 이는 민주주의 원리에 따라 조율되고 해소되어야 할 정치의 문제이다. 이에 관한 정치적 견해의 표명이나 공적인 의사결정은 어디까지나 헌법상 보장되는 민주주의의 본질과 조화될 수 있는 범위에서 이루어져야 한다.

나. 피청구인은 야당이 다수의석을 차지한 제22대 국회와의 대립 상황을 병력을 동원하여 타개하기 위하여 이 사건 계엄을 선포하였다.

민주국가의 국민 각자는 서로를 공동체의 대등한 동료로 존중하고 자신의 의견이 옳다고 믿는 만큼 타인의 의견에도 동등한 가치가 부여될 수 있음을 인정해야 한다(헌재 2014. 12. 19. 2013헌다1 참조). 국회는 당파의 이익이 아닌 국민 전체의 이익을 위하여야 한다는 점에서 소수의견을 존중하고, 정부와의 관계에서도 관용과 자제를 전제로 한 대화와 타협을 통하여 결론을 도출하도록 노력하였어야 한다. 피청구인 역시 국민의 대표인 국회를 헌법이 정한 권한배분질서에 따른 협치의 대상으로 존중하였어야 한다. 그럼에도 불구하고 피청구인은 국회를 배제의 대상으로 삼았는데, 이는 민주정치의 전제를 허무는 것으로 민주주의와 조화된다고 보기 어렵다.

다. 우리 헌법은 기본적 인권의 보장, 국가권력의 헌법 및 법률 기속, 권력분립원칙, 복수정당 제도 등 국가권력이나 다수의 정치적 횡포를 바로잡아 민주주의를 보호할 자정 장치를 마련하고 있으므로, 피청구인으로서는 야당이 중심이 된 국회의 권한행사가 다수의 횡포라고 판단했더라도 헌법이 예정한 자구책을 통해 견제와 균형이 실현될 수 있도록 하였어야 한다.

우리 헌법은 대통령제에서 대통령의 권력 남용을 우려하여 대통령의 국회해산권을 규정하고 있지 않다. 그러나 대통령과 국회의원의 임기의 차이 등으로 인하여 대통령선거와 국회의원선거가 일정한 간격을 두고 치러짐에 따라 대통령으로서는 임기 중에 국회를 새롭게 구성하는, 즉 국회해산과 마찬가지의 효과를 거둘 기회를 갖는 경우가 있다. 피청구인의 경우도 자신의 취임으로부터 약 2년 후에 치러진 제22대 국회의원선거에서 그와 같은 기회를 가졌다. 피청구인에게는, 야당의 전횡을 바로 잡고 피청구인이 국정을 주도하여 책임정치를 실현할 수 있도록 국민을 설득할 2년에 가까운 시간이 있었다. 그 결과가 피청구인의 의도에 부합하지 않았고 피청구인이 느끼는 위기의식이나 책임감 내지 압박감이 막중하였다고 하여, 헌법이 예정한 경로를 벗어나 야당이나 야당을 지지한 국민의 의사를 배제하려는 시도를 하여서는 안 되었다. 피청구인은 선거를 통해 나타난 국민의 의사를 겸허히 수용하고 보다 적극적인 대화와 타협에 나섬으로써 헌법이 예정한 권력분립원칙에 따를 수 있었다. 현행의 권력구조가 견제와 균형, 협치를 실현하기에 충분하지 않고, 국회의 반대로 인하여 국가안위에 관한 중요정책을 실현할 수 없으며, 선거제도나 관리에 허점이 있다고 판단하였다면, 헌법개정안을 발의하거나(헌법 제128조), 국가안위에 관한 중요정책을 국민투표에 붙이거나(헌법 제72조), 정부를 통해 법률안을 제출하는 등(헌법 제52조), 권력구조나 제도 개선을 설득할 수 있었다. 설령 야당의 목적이나 활동이 우리 사회의 민주적 기본질서에 대하여 실질적인 해악을 끼칠 수 있는 구체적 위험성을 초래하는 데 이르렀다고 판단하였더라도, 정부의 비판자로서 야당의 존립과 활동을 특별히 보장하고자 하는 헌법제정자의 규범적 의지를 준수하는 범위에서(헌재 2014. 12. 19. 2013헌다1 참조) 헌법재판소에 정당의 해산을 제소할 것인지를 검토할 수 있었다(헌법 제8조 제4항).

그러나 피청구인은 헌법과 법률이 정한 계엄 선포의 실체적 요건이 충족되지 않았음에도 절차를 준수하지 않은 채 계엄을 선포함으로써 부당하게 군경을 동원하여 국회 등 헌법기관의 권한을 훼손하고, 정당활동의 자유와 국민의 기본적 인권을 광범위하게 침해하였다. 이는 국가권력의 헌법과 법률에의 기속을 위반한 것일 뿐 아니라, 기본적 인권의 보장, 권력분립원칙과 복수정당 제도 등 우리 헌법이 설계한 민주주의의 자정 장치 전반을 위협하는 결과를 초래하였다. 피청구인이 이 사건 계엄의 목적이라 주장하는 '야당의 전횡에 관한 대국민 호소'나 '국가 정상화'의 의도가 진실이라고 하더라도, 결과적으로 민주주의에 헤아릴 수 없는 해악을 가한 것이라 볼 수밖에 없다.

라. 민주주의는 자정 장치가 정상적으로 기능하고 그에 관한 제도적 신뢰가 존재하는 한, 갈등과 긴장을 극복하고 최선의 대응책을 발견하는 데 뛰어난 적응력을 갖춘 정치체제이다. 피청구인

은 현재의 정치상황이 심각한 국익 훼손을 발생시키고 있다고 판단하였더라도, 헌법과 법률이 예정한 민주적 절차와 방법에 따라 그에 맞섰어야 한다. 그러나 피청구인은 국가긴급권 남용의 역사를 재현하여 국민을 충격에 빠트리고, 사회·경제·정치·외교 전 분야에 혼란을 야기하였다. 국민 모두의 대통령으로서 자신을 지지하는 국민의 범위를 초월하여 국민 전체에 대하여 봉사함으로써 사회공동체를 통합시켜야 할 책무를 위반하였다.

헌법과 법률을 위배하여, 헌법수호의 책무를 저버리고 민주공화국의 주권자인 대한국민의 신임을 중대하게 배반하였다.

그러므로 피청구인을 대통령직에서 파면한다. 이 결정은 재판관 전원의 일치된 의견에 따른 것이고, 아래 12. 재판관 이미선, 재판관 김형두의 보충의견, 13. 재판관 김복형, 재판관 조한창의 보충의견 및 14. 재판관 정형식의 보충의견이 있다.

12. 재판관 이미선, 재판관 김형두의 보충의견

우리는 아래에서 보듯이 탄핵심판절차의 성격과 탄핵심판절차와 형사소송절차의 차이, 신속한 절차 진행의 필요성 등을 종합적으로 고려하면, 탄핵심판절차에서 전문법칙에 관한 형사소송법 조항들을 완화하여 적용할 수 있다고 보는 것이 헌법재판소법 제40조의 취지에 부합한다고 생각하므로, 다음과 같이 의견을 밝힌다.

가. 헌법재판소법 제40조의 의미

헌법재판소법 제40조는 헌법재판소의 심판절차에 관하여 헌법재판소법에 특별한 규정이 있는 경우를 제외하고는 헌법재판의 성질에 반하지 아니하는 한도에서 민사소송에 관한 법령, 형사소송에 관한 법령, 행정소송법 등 다른 소송절차에 관한 법령을 준용하도록 규정하고 있다. 헌법재판소법이나 심판에 관한 규칙에 절차진행규정이 없어 헌법재판의 진행에 차질이 빚어질 경우 헌법재판의 기능에 장애가 초래될 수 있는데, 헌법재판소법 제40조는 이러한 경우 다른 소송절차에 관한 법령을 준용하도록 하여 불충분한 절차진행 규정을 보완하고 있는 것이다(헌재 2014. 2. 27. 2014헌마7 참조).

그러나 다른 한편으로, 헌법재판소법 제40조는 다른 소송절차에 관한 법령을 포괄적·일반적으로 준용하는 형식을 취하면서도 '헌법재판의 성질에 반하지 아니하는 한도'에서 준용하도록 함으로써 준용의 한계를 분명히 하는 동시에 다른 소송절차에 관한 법령을 준용함에 있어 헌법재판의 특성이 반영되도록 하고 있다.

여기서 헌법재판의 성질에 반하지 아니하는 경우란 다른 소송절차에 관한 법령의 준용이 헌법재판의 고유한 성질을 훼손하지 않는 경우를 말하고, 헌법재판의 성질에 반하는지 여부는 해당 심판절차의 목적과 성질, 준용절차 및 준용대상의 성격 등을 종합적으로 고려하여 헌법재판소가 구체적·개별적으로 판단하여야 하는데, 구체적인 절차에서 특정한 법령의 준용 여부가 헌법재판의 성질에 반하는지 여부에 대한 판단은 헌법재판소의 고유 권한에 속한다(헌재 2014. 2. 27. 2014헌마7 참조). 따라서 헌법재판소는 해당 심판절차의 목적과 특성 등을 고려하여 다른 소송절차에 관한 법령의 준용 여부, 준용의 범위 및 정도 등을 결정할 수 있다고 봄이 타당하다.

탄핵심판절차의 경우 헌법재판소법 제40조 제1항 제2문, 제2항에 따라 형사소송에 관한 법령이 우선적으로 적용되는데, 이때도 '탄핵심판의 성질에 반하지 아니하는 한도'에서 형사소송에 관한 법령이 준용된다. 헌법재판소는 탄핵심판의 목적과 기능, 준용 여부가 문제되는 조항의 성격 등을 종합적으로 고려하여 해당 조항이 탄핵심판의 성질에 반하는지 여부를 판단하여야 하는데, 특정 조항의 준용 여부는 결국 구체적 법률해석에 관한 문제이다(헌재 2014. 2. 27. 2014헌마7 참조).

나. 형사소송법상 전문법칙의 준용 문제

(1) 헌법재판소법 제40조 제1항 제2문, 제2항이 탄핵심판절차에 형사소송에 관한 법령을 우선적으로 준용하도록 한 취지는, 탄핵심판절차가 피청구인을 공직에서 파면하는 중대한 결과를 초래하고, 형사소송절차를 통하여 탄핵사유를 밝히는 것이 피청구인의 절차적 기본권을 충실히 보장하게 된다는 점에 있다고 볼 수 있다.

그러나 탄핵심판절차는 고위공직자의 헌법 내지 법률 위반 여부와 공직으로부터의 파면 여부를 심판대상으로 할 뿐 형사상 책임 유무를 심판대상으로 하지 않는다는 점에서 가장 강력한 공권력인 국가형벌권을 실현하는 형사소송절차와는 본질적으로 차이가 있다.

형사소송절차는 검사의 공소제기로 개시되고 이때 피의자는 피고인이라는 소송주체로서의 지위를 갖게 되나, 수사절차에서 피의자는 강제수사권을 가진 검사의 수사대상에 불과하고 그와 같은 수사절차에서의 지위가 사실상 형사소송절차에까지 이어져 검사와 대등한 소송주체로서의 피고인의 법적 지위가 형식적인 것에 그칠 가능성이 존재한다. 이처럼 수사절차가 형사소송절차로 이어지면서 발생하는 당사자 지위의 대등성 문제는 형사소송절차에 특유한 것으로, 이러한 점도 형사소송절차를 탄핵심판절차와 구별하는 중요한 특징이라고 할 수 있다.

탄핵심판절차에 형사소송에 관한 법령 중 특정 조항을 준용할지 여부를 정할 때에는 이와 같은 탄핵심판절차와 형사소송절차의 차이를 고려하여야 한다.

(2) 형사소송법은 전문법칙을 채택하여 전문증거의 증거능력을 원칙적으로 부정하면서 일정한 요건을 충족한 경우에 예외적으로 증거능력을 인정하고 있다(형사소송법 제310조의2, 제311조 내지 제316조). 특히 수사기관이 작성한 피의자신문조서에 대해서는 그 피의자였던 피고인이 그 내용을 인정해야 증거능력을 인정하고, 수사기관이 피고인 아닌 자의 진술을 기재한 조서나 수사과정에

서 피고인 아닌 자가 작성한 진술서에 대해서는 피고인의 반대신문이 보장되는 경우에 한하여 증거능력을 인정하고 있다(형사소송법 제312조 제1항, 제3항, 제4항, 제5항).

피고인은 형사소송절차에서 단순한 처벌대상이 아니라 절차를 형성·유지하는 당사자로서 또 다른 당사자인 검사와 대등한 지위를 가진다. 그런데 검사가 수사권의 발동으로 확보한 진술을 성립의 진정과 임의성의 인정만으로 증거로 사용할 수 있게 하면, 수사대상에 불과한 피의자의 지위가 형사소송절차에까지 이어져 피고인은 검사와 대등한 소송주체로서의 지위를 보장받지 못하고 실질적인 당사자대등이 이루어지지 않을 우려가 있다. 이에 형사소송법은 피고인이 그 내용을 인정하지 않거나(피고인의 진술을 기재한 조서 등) 피고인의 반대신문이 보장되지 않으면(피고인이 아닌 자의 진술을 기재한 조서 등) 신빙성 유무의 판단에 앞서 아예 증거로 사용할 수 없게 한 것이라고 할 수 있다.

그러나 탄핵심판절차는 국회의 소추의결로 개시되는바, 수사절차가 형사소송절차로 이어지면서 발생하는 당사자 지위의 대등성 문제는 탄핵심판절차에서는 발생할 여지가 없고, 소추사유와 관련하여 피청구인에 대한 수사가 이루어진다고 하여 국회가 이에 관여할 수 없음은 명백하다. 따라서 탄핵심판절차에서는 피청구인의 내용 인정이나 반대신문의 보장 없이 수사기관이 피청구인이나 사건 관련자들의 진술을 기재한 조서 등을 증거로 사용할 수 있게 하더라도 형사소송절차에서처럼 실질적인 당사자대

등의 문제가 발생한다고 보기는 어렵다. 나아가 뒤에서 보는 것과 같이 성립의 진정과 임의성이 담보되는 경우에 한하여 위 조서 등의 증거능력을 인정한다면, 그러한 증거능력의 인정만으로 피청구인에게 일방적으로 불이익한 결과가 발생한다고 보기도 어렵다.

또한 탄핵소추의 의결을 받은 자는 탄핵심판이 있을 때까지 그 권한행사가 정지되는바(헌법 제65조 제3항), 특히 피청구인이 대통령인 경우 그 권한행사의 정지로 인한 국정공백과 혼란이 매우 크므로 신속한 심리의 필요성이 강하게 요청된다. 그런데 탄핵심판절차에 전문법칙을 엄격하게 적용하게 되면 피청구인이 증거에 부동의할 경우 헌법재판소가 다수의 증인을 채택하여 증인신문을 진행하여야 하므로 절차의 장기화를 피할 수 없다. 9인의 단일재판부로 구성되는 헌법재판소의 특성상, 경우에 따라서는 반복적 변론갱신, 심리정족수 부족 등으로 탄핵심판절차의 장기화가 탄핵심판절차의 중단으로 이어질 수도 있다.

이상 살펴 본 바와 같은 탄핵심판절차의 성격과 탄핵심판절차와 형사소송절차의 차이, 신속한 절차 진행의 필요성 등을 종합적으로 고려하면, 탄핵심판절차에서 전문법칙에 관한 형사소송법 조항들을 반드시 엄격하게 적용하여야 하는 것은 아니고 이를 완화하여 적용할 수 있다고 보는 것이 '탄핵심판의 성질에 반하지 아니하는 한도'에서 형사소송에 관한 법령을 준용하도록 한 헌법재판소법 제40조의 취지에 부합한다고 할 것이다.

다. 이 사건의 경우

이 사건에서 청구인은 여러 진술증거를 제출하였는데, 형사소송법상 전문법칙을 완화하여 적용할 수 있음을 전제로 각 진술증거의 증거능력을 살펴본다.

(1) 수사기관이 작성한 사건 관련자들에 대한 피의자신문조서 등의 증거능력

형사소송법상 전문법칙을 완화하여 적용할 수 있다고 하더라도 성립의 진정과 임의성은 담보할 수 있어야 한다. 따라서 수사기관이 작성한 피청구인이 아닌 사건 관련자들에 대한 피의자신문조서나 진술조서는 절차의 적법성이 담보되는 조서, 즉 진술과정이 영상녹화된 조서 또는 진술과정에 변호인이 입회하였고 그 변호인이 진술과정에 아무런 문제가 없었다고 확인한 조서에 대해서는 증거로 채택할 수 있다고 할 것이다. 헌법재판소는 헌재 2017. 3. 10. 2016헌나1 사건의 변론과정에서 이와 같은 기준을 밝혔고, 이는 뒤에서 살펴보는 바와 같이 2020. 2. 4. 법률 제16924호로 형사소송법 제312조 제1항이 개정된 것과 관계없이 여전히 적용된다고 보아야 한다.

(2) 관련 형사사건에서 공범 관계에 있는 사람들에 대한 조서의 증거능력

(가) 2020. 2. 4. 법률 제16924호로 개정된 형사소송법 제312

조 제1항은 검사가 작성한 피의자신문조서는 공판준비 또는 공판기일에 그 피의자였던 피고인 또는 변호인이 그 내용을 인정할 때에 한정하여 증거로 할 수 있다고 규정하여, 검사가 작성한 피의자신문조서의 증거능력 인정요건을 검사 이외의 수사기관이 작성한 피의자신문조서의 증거능력 인정요건(형사소송법 제312조 제3항)과 일치시켰다.

형사소송법 제312조 제1항에서 정한 '검사가 작성한 피의자신문조서'에는 당해 피고인에 대한 피의자신문조서뿐만 아니라 당해 피고인과 공범관계에 있는 다른 피고인이나 피의자에 대하여 검사가 작성한 피의자신문조서도 포함되고(대법원 2023. 6. 1. 선고 2023도3741 판결 참조), 이는 검사 이외의 수사기관이 작성한 피의자신문조서의 경우도 마찬가지이므로(대법원 2009. 10. 15. 선고 2009도1889 판결 참조), 피고인이 자신과 공범관계에 있는 사람에 대하여 검사 또는 사법경찰관이 작성한 피의자신문조서의 내용을 인정하지 않는 경우 이를 증거로 채택할 수 없다.

(나) 그러나 탄핵심판은 고위공직자인 피청구인이 그 직위에 따라 부여받은 고유한 의무와 책임을 고려하여 그의 직무수행이 헌법과 법률에 위반되는지를 판단하여 그 파면 여부를 결정하는 절차이므로, 형사재판과 같이 '공범'의 개념을 상정하기 어렵다. 따라서 피고인이 자신과 공범관계에 있는 사람에 대하여 수사기관이 작성한 피의자신문조서의 내용을 인정하지 않는 경우 이를 증거로 채택할 수 없다는 형사소송절차에서의 전문법칙은 탄핵심판절차에 그대로 적용할 수 없다.

그렇다면 관련 형사사건에서 피청구인과 공범관계에 있는 사람들에 대한 피의자신문조서나 진술조서는 이 사건 탄핵심판절차에서는 어디까지나 검사 또는 사법경찰관이 '피청구인이 아닌 자'의 진술을 기재한 조서에 해당하므로, 형사소송법 제312조 제1항, 제3항이 아니라 같은 조 제4항을 준용함이 타당하다. 그런데 위 2020. 2. 4.자 형사소송법 개정 당시 형사소송법 제312조 제4항은 개정되지 않았으므로, 피청구인과 관련 형사사건에서 공범 관계에 있는 사람에 대한 수사기관 작성의 피의자신문조서 또는 진술조서는 비록 피청구인이 그 내용을 부인하더라도, 그 진술과정이 영상녹화된 조서 또는 진술과정에 변호인이 입회하였고 그 변호인이 진술과정에 아무런 문제가 없었다고 확인한 조서에 대해서는 증거로 채택함이 타당하다.

(3) 국회 회의록의 증거능력

국회의 회의는 공개함이 원칙이다(헌법 제50조 제1항 본문). 이에 따라 국회의 회의에서 이루어진 진술은 본회의나 위원회에서 의결로 이를 공개하지 않기로 한 경우 등 예외적인 경우가 아닌 한, 통상적으로 인터넷의사중계시스템이나 언론 등을 통하여 생중계되며, 회의가 그대로 녹화된 영상회의록도 공개된다. 국회의 회의록은 조서가 아닌 속기로 작성되고, 본회의의 회의록에는 국회의장 또는 그를 대리한 국회부의장 등이, 위원회의 회의록에는 위원장 또는 그를 대리한 간사가 각각 서명, 날인한다(국회법 제69조 제2항, 제3항, 제115조 제2항, 제3항). 발언자는 발언의 취지를 변경하지 아니하는 범위에서 회의록에 적힌 자구의 정정을 요구할 수 있으나, 이 경우에도 속기로 작성한 회의록의 내용은 삭제할 수 없으며, 발언을 통하여 자구 정정 또는 취소의 발언을 한 경우에는 그 발언을 회의록에 적어야 한다. 회의록은 비밀 유지나 국가 안전보장을 위하여 필요한 경우가 아닌 한 의원에게 배부하고 일반인에게 배포한다(국회법 제71조, 제117조 제1항 내지 제3항, 제118조 제1항).

이처럼 국회 회의록은 그 서면 자체의 성질과 작성과정에서의 법정된 절차적 보장에 의하여 고도의 임의성과 기재의 정확성 등 절차적 적법성이 담보되어 있다. 그리고 국회 회의록에는 증언과 관련한 전후 발언들이 빠짐없이 기재되어 진술자가 진술에 이르게 된 경위나 분위기, 진술의 맥락 등을 파악할 수 있다. 나아가 국회에서의 진술은 공개된 회의장에서 국회의원들에 의하여 검증되고 탄핵되므로 제3자가 일방적으로 한 진술과도 근본적인 차이가 있다.

따라서 사건 관련자들의 진술을 기재한 국회 회의록은 형사소송법 제315조 제3호의 '기타 특히 신용할 만한 정황에 의하여 작성된 문서'에 준하여 당연히 증거능력이 있는 서류라고 볼 수 있다.

라. 결론

이상에서 살펴본 바와 같이, 탄핵심판절차에서 전문법칙에 관한 형사소송법 조항들은 완화하여 적용할 수 있다고 봄이 타당

하다. 이에 따라 이 사건에서 청구인이 제출한 수사기관 작성의
사건 관련자들에 대한 피의자신문조서 또는 진술조서는 그 절차
의 적법성이 담보되는 범위에서 증거로 채택할 수 있고, 사건 관
련자들의 진술을 기재한 국회 회의록은 형사소송법 제315조 제3
호의 '기타 특히 신용할 만한 정황에 의하여 작성된 문서'에 준하
여 증거능력이 있는 서류에 해당한다.

13. 재판관 김복형, 재판관 조한창의 보충의견

우리는 이 사건 탄핵심판청구가 인용되어야 한다는 법정의견
의 결론에 동의한다. 그러나 아래에서 살펴보듯이 탄핵심판의 중
대성, 피청구인의 방어권 보장 등을 고려할 때 헌법재판소가 앞
으로는 탄핵심판절차에 있어서 형사소송법상 전문법칙을 보다
엄격하게 적용할 필요가 있음을 지적해두고자 한다.

가. 탄핵심판에서 전문법칙에 관한 헌법재판소의 태도

(1) 헌법재판소법은 탄핵심판절차에 관하여 헌법재판의 성질
에 반하지 아니하는 한도에서 형사소송에 관한 법령 등을 준용하
도록 하고 있고(헌법재판소법 제40조 제1항), 형사소송법의 준용이
탄핵심판의 성질에 반하는지 여부는 탄핵심판의 목적과 본질, 파
면이라는 효과의 중대성, 탄핵심판기간 동안 피청구인의 권한행
사가 정지된다는 점 등을 고려하여 헌법재판소가 구체적·개별적
으로 판단하여야 한다.

(2) 헌법재판소는 헌재 2017. 3. 10. 2016헌나1 결정 이래로 수사기관이 작성한 사건관련자들의 피의자신문조서나 진술조서에 대하여, 피청구인이 동의하지 않은 경우라도 절차적 적법성이 담보되는 조서, 즉 진술과정이 영상녹화되었거나, 진술과정에 변호인이 입회하였고 그 변호인이 진술과정에 아무런 문제가 없었다고 확인한 경우에는 그 증거능력을 인정하고 있다. 또한 국회 회의록의 경우 형사소송법 제315조 제3호의 '기타 특히 신용할 만한 정황에 의하여 작성된 문서'로 보아 증거능력을 인정하고 있다. 이러한 증거능력 인정 요건은 헌법재판소가 형사소송법상 전문법칙을 완화하여 적용한 결과라고 할 것이다.

나. 형사소송법상 전문법칙의 엄격한 적용 필요성

(1) 탄핵심판절차에 '형사소송법'의 우선 준용 취지

탄핵심판의 경우 형사소송법을 우선 준용하도록 한 취지는 탄핵심판이 공직 파면이라는 중대한 결과를 초래하는 절차인 점, 형사소송절차에 따르는 것이 피청구인의 절차적 기본권 내지 방어권을 충실히 보장할 수 있는 점을 고려한 것으로 보인다.

(2) 형사재판에서의 공판중심주의 경향과 반대신문 기회의 보장

형사소송법은 공판중심주의를 점차 강화하고, 전문법칙을 엄격히 적용하는 방향으로 발전되어 왔다. 2007. 6. 1. 개정된 형사소송법은 '피고인 아닌 자의 진술을 기재한 조서의 증거능력' 인

정요건으로 '피고인의 반대신문 기회의 보장'을 추가하였고(제312
조 제4항), 2020. 2. 4. 개정된 형사소송법은 '검사가 작성한 피의
자신문조서'의 증거능력 인정요건으로 '그 피의자였던 피고인 또
는 변호인의 내용 인정'을 규정하여(제312조 제1항), 피고인 또는
변호인이 공판정에서 해당 조서의 기재 내용이 실제사실과 부합
함을 인정하지 아니하면 해당 조서를 증거로 채택할 수 없게 되
었다. 이는 피고인에게 불리한 증거에 대해 반대신문 기회를 인
정함으로써 형사소송절차에서 공정한 재판을 받을 권리를 구현
하고(헌재 2013. 10. 24. 2011헌바79 참조), 나아가 법정이 아닌 곳에
서 작성된 전문증거에 잠재된 진술의 왜곡 우려 등을 의식한 것
으로 볼 수 있다. 특히 진술증거는 어떠한 사실을 지각하고 이를
기억한 다음 다시 표현하고 서술하는 과정에서 오류가 개입될 위
험성이 있다는 점에서 반대신문권의 보장은 형사소송에서 진술
증거의 진실성과 신용성을 담보하는 주요한 수단이 되고 있다.

(3) 탄핵심판절차의 구도와 운영

　탄핵심판절차는 기본적으로 국민의 대의기관인 국회가 피청
구인의 법적 책임을 묻고, 피청구인이 이에 대해 방어하는 구도
로 이루어진다. 이처럼 청구인이 소추사유에 대한 주장과 입증을
하고, 피청구인이 이를 반박하고 증거를 탄핵하며 상호 대립하는
구조로 진행되는 탄핵심판절차에서는 형사소송절차에서와 같이
절차의 공정성을 확보하는 것이 중요하다.

　또한 탄핵심판은 서면심리를 원칙으로 하는 위헌법률심판이

나 헌법소원심판(헌법재판소법 제30조 제2항)과 다르게 필요적 변론사건으로(같은 조 제1항), 공개된 심판정에서 청구인과 피청구인이 말로 사실과 증거를 제출하는 방법으로 사건을 심리하게 된다. 변론과정을 통하여 헌법재판관이 심판정에서 직접 증거를 조사하고 피청구인에게 의견진술 및 반대신문의 기회를 부여함으로써 공정한 재판의 실현에 기여할 수 있으며, 나아가 헌법재판의 정당성과 신뢰성도 제고할 수 있다. 따라서 사건의 실체에 대한 심증 형성 및 소추사유의 인정은 가급적 형사소송절차와 같이 공개된 재판관의 면전에서 직접 조사한 증거를 기초로 하고, 전문증거에 대해서는 반대신문의 기회를 보장하는 것이 바람직하다.

(4) 대통령 탄핵심판의 중대성과 절차적 공정성 확보 필요

대통령은 국민의 직접선거로 선출된 민주적 정당성이 가장 큰 대의기관이자(헌법 제67조 제1항), 국가원수로 외국에 대하여 국가를 대표하며(제66조 제1항), 국군 통수권을 지니고(제74조 제1항), 5년의 임기가 보장된다(제70조). 대통령에 대한 탄핵심판절차는 이처럼 헌법상 막중한 지위에 있는 대통령에게 부여된 국민의 신임과 권한을 임기 중 박탈할지 여부를 결정하는 절차로, 파면 결정은 그 직무수행의 단절로 인한 국가적 손실과 국정 공백, 국론의 분열현상으로 인한 정치적 혼란 등을 초래할 수 있고(헌재 2004. 5. 14. 2004헌나1 참조), 국가 전체에 영향을 미친다. 이러한 대통령 탄핵심판의 중대성과 파급력에 비추어 볼 때에도, 탄핵심판은 형사소송절차에 준하여 명확성과 공정성을 담보하고, 반대신문을 통하여 불리한 증거에 대한 피청구인의 방어권을 충분히 보장할 필요가 있다.

(5) 형사재판과 증거기준의 불일치 문제

탄핵심판절차와 민·형사 재판절차는 서로 별개의 절차이므로 서로 독립적으로 진행되고 독자적인 결론에 도달할 수 있다. 그러나 동일한 사실관계를 기초로 한 탄핵심판, 형사재판에서 각기 다른 결과가 나온다면 법질서의 통일성과 재판에 대한 신뢰가 저해될 것이므로 바람직하지 않다. 따라서 탄핵소추사유가 형사범죄사실과 관련된 경우에는 형사소송법상 전문법칙은 탄핵심판절차에서도 가급적 엄격히 적용하여 탄핵심판과 형사재판 사이의 불일치를 가능한 줄일 필요가 있다. 이는 "피청구인에 대한 탄핵심판 청구와 동일한 사유로 형사소송이 진행되고 있는 경우에는 재판부는 심판절차를 정지할 수 있다."라고 규정하여 형사재판의 결과를 탄핵심판에서 고려할 수 있도록 한 헌법재판소법 제51조의 취지에도 부합한다.

(6) 소결

이와 같이 절차의 공정성과 피청구인의 방어권을 더 확실히 보장하기 위하여 형사소송법상 전문법칙을 엄격히 적용하는 것이 헌법재판소법 제40조 제1항에서 형사소송법을 우선 준용하도록 한 취지에 더 부합한다고 생각한다. 이하에서는 형사소송법상 전문법칙을 엄격하게 적용할 경우를 상정하여 이 사건 심판절차에서 문제된 국면들을 살펴본다.

다. 구체적인 적용

(1) 수사기관 작성의 사건 관련자들에 대한 피의자신문조서 등의 증거능력

(가) 탄핵심판에서 공범의 상정 여부

피청구인은 피청구인이 형법상 내란죄 혐의로 기소된 사건에서 공범관계에 있는 자들에 대하여 수사기관이 작성한 피의자신문조서 등과 관련하여, 2020. 2. 4. 개정된 형사소송법 제312조 제1항에 따라 피청구인이 그 조서의 내용을 부인하면 헌법재판소에서 이를 증거로 채택할 수 없다고 주장한다.

그러나 탄핵심판은 고위공직자인 피청구인이 그 직위에 따라 부여받은 고유한 의무와 책임을 고려하여, 그의 직무수행이 헌법과 법률에 위반되는지를 판단하여 그 파면 여부를 결정하는 절차이고(헌법 제65조 제1항, 제4항), 피청구인이 그 직에 있을 것을 요하므로, 형사재판과 같은 '공범'의 개념을 상정할 수 없다. 그렇다면 형사사건에서의 공범관계가 탄핵심판의 공범관계로 그대로 인정될 것을 전제로 한 피청구인의 위 주장은 받아들일 수 없다.

(나) 증거능력 인정요건

피청구인이 아닌 자는 탄핵심판절차의 공범이 될 수 없으므로 그에 대한 수사기관 작성의 피의자신문조서 등은 형사소송법

제312조 제4항의 적용을 받게 된다.

수사기관이 작성한 피청구인 아닌 자에 대한 피의자신문조서 등을 탄핵심판의 증거로 채택하기 위해서는, 형사소송법 제312조 제4항에 따라 수사기관의 조서가 ① 적법한 절차와 방식에 따라 작성되었을 것, ② 그 조서가 수사기관 앞에서 진술한 내용과 동일하게 기재되어 있음이 ㉠ 원진술자의 변론준비 또는 변론기일에서의 진술이나 ㉡ 영상녹화물 또는 ㉢ 그 밖의 객관적인 방법에 의하여 증명되었을 것, ③ 피청구인 또는 변호인이 변론준비 또는 변론기일에 그 기재 내용에 관하여 원진술자를 신문할 수 있었을 것, ④ 그 조서에 기재된 진술이 특히 신빙할 수 있는 상태에서 행하여졌음이 증명되었을 것이라는 요건을 갖추어야 한다. 이러한 입장을 취한다면 피청구인의 반대신문권이 보장되지 아니한 일부 조서의 경우에는 증거능력이 부인될 것이다.

(2) 국회 회의록의 증거능력

형사소송법 제315조 제3호는 '기타 특히 신용할 만한 정황에 의하여 작성된 문서'를 증거로 할 수 있다고 규정하고 있고, 법원은 이를 제315조 제1호(가족관계기록사항에 관한 증명서, 공정증서등본 기타 공무원 또는 외국공무원의 직무상 증명할 수 있는 사항에 관하여 작성한 문서)와 제2호(상업장부, 항해일지 기타 업무상 필요로 작성한 통상문서)에 준하여 '반대신문의 기회 부여 여부가 문제되지 않을 정도로 고도의 신용성의 정황적 보장이 있는 문서'로 제한적으로 인정하고 있다(대법원 2017. 8. 29. 선고 2018도14303 전원합의체 판결 참조).

그런데 이 사건에서 증거로 채택된 국회 회의록은 탄핵심판 절차가 아닌 국회에서 행해진 회의 내용을 기록한 것으로, 피청구인이 아닌 사건관련자들의 경험이나 들은 내용에 관한 진술 등이 포함되어 있다. 국회의 회의는 형사 법정과 같은 대심적 구조에서 관련자들의 진술이 당사자에 의하여 탄핵되는 구조가 아니고, 직무상 독립이 보장되는 법관(헌법 제103조)이 주재하지 않으며, 오히려 국회의원들이 자신의 정치적 성향과 이해관계에 따라 질의를 이끌어갈 가능성이 상당히 높다. 또한 형사소송절차에서 증인은 원칙적으로 선서를 하고 증언을 하지만(형사소송법 제156조), 국회에 참고인으로 출석한 진술자는 본인이 승낙하지 않는 이상 '국회에서의 증언·감정 등에 관한 법률' 제7조에 따른 선서를 하지 않고 위증하더라도 처벌이 따르지 않는 상태에서 진술을 하고 있다. 이러한 점을 고려할 때, 국회의 회의가 절차적 중립성과 객관성이 충분히 확보된 상태에서 진행되었다고 단정하기 어렵고, 회의 내용을 기록한 회의록 또한 법원의 공판조서 등과 동등한 수준으로 고도의 신용성의 정황적 보장이 있는 문서라고 보기 어렵다. 따라서 국회 회의록을 탄핵심판절차에서 증거로 채택함에 있어 형사소송법 제315조 제3호를 그대로 적용하기 곤란하다는 점을 밝혀둔다.

라. 결론

앞서 살펴본 바와 같이 대통령 탄핵심판의 경우 그 중대성과 파급력의 측면, 피청구인의 방어권 보장의 측면에서 형사소송법상 전문법칙을 최대한 엄격하게 적용하는 것이 바람직하다. 한편으로는 탄핵심판이 진행되는 동안 대통령의 권한행사가 정지되고, 국정의 공백이 발생하므로 가급적 심판절차를 신속히 진행하여 이러한 국정 공백 상태와 국가적 혼란을 해소할 것이 요청된다. 헌법재판소가 현재 채택하고 있는 완화된 전문법칙을 적용하는 경우보다 전문법칙을 엄격히 적용하는 경우 증거조사에 오랜 시간이 소요될 것임은 충분히 예측되며, 특히 국가의 최고 지도자인 대통령의 탄핵심판 기간의 장기화로 발생하는 국가적 손해의 크기는 실로 막대할 것이라는 점에서, 그동안 대통령 탄핵심판에 있어 공정성의 요청이 신속성의 요청에 의하여 다소 후퇴되어 왔다.

그러나 대통령 탄핵결정의 영향력과 파급력이 중대한 점, 탄핵심판절차에 공판중심주의를 강화하고 피청구인에게 반대신문 기회를 부여하는 것이 반드시 탄핵심판의 신속성의 요청에 반하거나, 그보다 덜 중요하다고 보기 어렵고, 오히려 탄핵심판절차의 구조에 부합하는 측면이 있는 점, 게다가 헌법재판소는 탄핵심판절차에서 당사자의 신청이나 직권으로 증인을 채택하여 그들에 대한 신문을 통해 증거가 심판정에 직접 현출되도록 하여 공정한 재판을 실현해가고 있는 점, 탄핵심판절차의 공정성 강화는 탄핵심판에 대한 국민의 신뢰를 제고하고, 탄핵심판결정으로 인한 국가적 혼란을 최소화할 수 있는 점에 비추어, 이제는 탄핵심판절차에 요청되는 신속성과 공정성, 두 가지 충돌되는 가치를 보다 조화시킬 방안을 모색할 시점이다.

14. 재판관 정형식의 보충의견

나는 이 사건 심판청구가 인용되어야 한다는 법정의견의 결론에 동의하면서, 아래에서 보듯이 국회에서 탄핵소추안이 부결될 경우 다른 회기 중에도 다시 발의하는 횟수를 제한하는 규정을 입법할 필요가 있음을 밝히고자 한다.

가. 일사부재의 원칙의 적용과 그 취지

(1) 국회법 제92조는 부결된 안건을 같은 회기 중에 다시 발의할 수 없도록 하는 일사부재의 원칙을 규정하고 있다. 위 조항은 그 적용 대상이 되는 안건의 종류나 유형에 관하여 아무런 제한을 두지 아니하고, 탄핵소추안에 대하여 별도로 정하지도 아니하여 일사부재의 원칙이 탄핵소추안에도 그대로 적용되도록 하고 있다. 이에 따라 탄핵소추안도 다른 안건과 마찬가지로 한 번 부결되면 같은 회기에서는 다시 발의될 수 없지만, 다른 회기에서는 다시 발의될 수 있다.

(2) 같은 회기 중에 동일 안건을 다시 부의하지 못하도록 하는 것은 특정 사안에 대한 국회의 의사가 확정되지 못한 채 표류되는 것을 막기 위함인바, 일사부재의 원칙은 국회의 의사의 단일화, 회의의 능률적인 운영 및 소수파에 의한 의사방해 방지 등에 기여한다(헌재 2009. 10. 29. 2009헌라8등 참조). 다른 한편, 일사부재의 원칙이 회기가 바뀐 후에는 부결된 안건을 다시 발의할 수

있도록 하는 것은 원칙적으로 국회의원은 안건을 자유롭게 발의
할 수 있고, 회기가 바뀐다는 것은 통상 어느 정도의 시간이 흐른
뒤일 것을 전제하므로 그동안 안건을 둘러싼 상황이나 환경에 사
정변경이 생기거나 안건에 대한 국회의원의 견해가 바뀌었을 가
능성을 고려한 것으로 볼 수 있다.

나. 탄핵소추안에 대한 무제한적 반복 발의를 허용할 경우의 문제

(1) 소추사유에 대한 사정변경 가능성이 낮음

탄핵소추안은 소추대상자의 직무집행에 있어 헌법이나 법률
위배행위가 있는 경우 그 법적 책임을 추궁하기 위한 것으로, 사
후적으로 새로운 헌법이나 법률 위반사실이 발견되거나 내용이
변경될 수 있음은 별론으로 하고, 시간의 경과에 따른 사정 변경
을 특별히 상정하기 어렵다.

(2) 고위공직자 지위의 불안정과 국가기능의 저하

고위공직자 지위의 불안정성은 국가기능의 저하를 초래한다.
탄핵소추의 대상이 되는 고위공직자는 행정부와 사법부의 핵심
적이고 중요한 직위에서 국가의 주요기능을 담당하는데, 이들에
대하여 실질적으로 동일한 사유로 반복적으로 탄핵소추발의가
가능할 경우 소추대상자의 지위가 불안정해지고, 이는 국정의 혼
란과 국가 주요기능의 저하로 이어질 수 있다. 특히 소추대상자
가 행정부 수반이자 국가원수인 대통령일 경우 국정운영 전반에

미치는 영향이 지대할 수밖에 없다.

(3) 탄핵제도의 정쟁의 도구화

공직자가 그 직을 유지하는 한 회기만 달리 하여 실질적으로 동일한 사유로 반복적으로 탄핵소추 발의를 할 수 있도록 하는 것은 자칫 국회의 다수의석을 가진 정당이 이를 정치적 협상카드로 활용할 수 있도록 하여 법적 제도로서의 탄핵제도를 정쟁의 도구로 변질시킬 위험이 있고, 그로 인하여 정치적 혼란이 가중될 우려가 크다. 특히 대통령에 대한 탄핵소추의 경우 국민의 의견 대립과 국론 분열 양상이 극심해질 수 있다.

다. 국회법상 회기 제도와의 결합에 의한 문제

헌법상 비상수단에 해당하는 탄핵제도의 성질(헌재 2021. 10. 28. 2021헌나1 재판관 이선애, 재판관 이은애, 재판관 이종석, 재판관 이영진의 각하의견; 헌재 2025. 1. 23. 2024헌나1 재판관 김형두의 보충의견 참조)에 비추어 탄핵소추 발의는 예외적으로 신중하게 이루어 필요가 있다. 그런데 실질적으로 동일한 탄핵소추안의 반복 발의를 허용하는 것은 국회법상 회기 제도와 맞물려 정쟁의 도구로 더 악용될 소지가 있다.

국회의 정기회는 1년에 1회 집회하고, 그 회기는 100일을 넘을 수 없는데(헌법 제47조 제1항, 제2항, 국회법 제4조 본문, 제5조의2 제2항 제2호 본문), 임시회의 경우 정기회와 달리 국회 재적의원 4분의

1 이상의 요구를 갖추기만 하면 수시로 소집할 수 있고, 30일을 넘지 않는 범위에서 국회의 의결을 통하여 그 회기를 정할 수 있다(헌법 제47조 제1항, 제2항, 국회법 제7조 제1항).

이러한 자유로운 임시회 소집 가능성으로 인하여 국회의 다수의석을 가진 정당은 필요에 따라 회기를 짧게 설정하여 회기를 달리하면서 특정 안건이 가결되거나 정치적 목적을 달성할 때까지 매우 짧은 간격으로 반복하여 발의할 수 있다.

그리고 이와 같은 형태의 반복 발의는 회기와 회기 사이에 어느 정도의 간격을 두어 안건에 대한 재고와 숙의를 요청하고자 한 일사부재의 원칙을 편법적으로 우회하고, 그 취지를 몰각시킨다. 탄핵소추안이 부결되었더라도 특정 정당이 탄핵소추안의 관철을 위하여 짧은 주기로 임시회를 반복하여 소집한 후, 실질적으로 동일한 탄핵소추안을 반복 발의하여 심의토록 할 경우 의사진행의 능률을 저하시키고 국회의 의사를 표류시킬 수 있다.

라. 소결

이상의 점들을 종합적으로 고려할 때, 실질적으로 주요 소추 사유에 변동이 없는 탄핵소추안의 재발의는 제한될 필요가 있고, 입법자는 탄핵소추의 성격과 본질, 국회의사의 조기 확정과 그 직무집행에 있어서 헌법이나 법률을 위반한 고위공직자를 탄핵소추한다는 공익 사이의 형량 등을 고려하여 탄핵소추안의 발의 횟수에 관한 규정을 마련할 필요가 있다.

재판장   재판관   문형배   _______________________

            재판관   이미선   _______________________

            재판관   김형두   _______________________

            재판관   정정미   _______________________

            재판관   정형식   _______________________

            재판관   김복형   _______________________

            재판관   조한창   _______________________

            재판관   정계선   _______________________

[별지 1]

소추위원 대리인 명단

1. 변호사 김이수

2. 변호사 송두환

3. 법무법인(유한) 엘케이비앤파트너스

   담당변호사 이광범, 장순욱, 김현권, 성관정

4. 법무법인 이공

   담당변호사 김선휴

5. 법무법인 시민

   담당변호사 김남준

6. 법무법인 도시

   담당변호사 이금규

7. 법무법인 다산

   담당변호사 서상범

8. 법무법인 새록

   담당변호사 전형호, 황영민

9. 변호사 김정민

10. 변호사 박혁

11. 변호사 이원재

12. 변호사 권영빈

13. 변호사 김진한

[별지 2]

피청구인 대리인 명단

1. 변호사 조대현

2. 변호사 배보윤

3. 변호사 배진한

4. 법무법인 청녕

   담당변호사 윤갑근, 이길호

5. 변호사 도태우

6. 법무법인 삼승

   담당변호사 김계리

7. 변호사 서성건

8. 법무법인(유한) 에이스

   담당변호사 최거훈

9. 법무법인 선정

   담당변호사 차기환

10. 변호사 김홍일

11. 변호사 정상명

12. 변호사 송해은

13. 변호사 송진호

14. 변호사 이동찬

15. 변호사 석동현

16. 변호사 박해찬

17. 변호사 오욱환

18. 변호사 황교안

19. 변호사 김지민

20. 법무법인 율전

    담당변호사 전병관

21. 변호사 배진혁

22. 법무법인 청암

    담당변호사 도병수

[별지 3]

피청구인의 2024. 12. 3.자 대국민담화 내용

존경하는 국민 여러분, 저는 대통령으로서 피를 토하는 심정으로 국민 여러분께 호소 드립니다.

지금까지 국회는 우리 정부 출범 이후 22건의 정부 관료 탄핵 소추를 발의하였으며, 지난 6월 22대 국회 출범 이후에도 10명 째 탄핵을 추진 중에 있습니다. 이것은 세계 어느 나라에도 유례가 없을 뿐 아니라 우리나라 건국 이후에 전혀 유례가 없던 상황입니다. 판사를 겁박하고 다수의 검사를 탄핵하는 등 사법 업무를 마비시키고, 행안부 장관 탄핵, 방통위원장 탄핵, 감사원장 탄핵, 국방 장관 탄핵 시도 등으로 행정부마저 마비시키고 있습니다.

국가 예산 처리도 국가 본질 기능과 마약범죄 단속, 민생 치안 유지를 위한 모든 주요 예산을 전액 삭감하여 국가 본질 기능을 훼손하고 대한민국을 마약 천국, 민생 치안 공황 상태로 만들었습니다. 민주당은 내년도 예산에서 재해대책 예비비 1조 원, 아이돌봄 지원 수당 384억 원, 청년 일자리, 심해 가스전 개발 사업 등 4조 1천억 원을 삭감하였습니다. 심지어 군 초급간부 봉급과 수당 인상, 당직 근무비 인상 등 군 간부 처우 개선비조차 제동을 걸었습니다. 이러한 예산 폭거는 한마디로 대한민국 국가 재정을 농락하는 것입니다. 예산까지도 오로지 정쟁의 수단으로 이용하는 이러한 민주당의 입법 독재는 예산 탄핵까지도 서슴지 않았습니다.

국정은 마비되고 국민들의 한숨은 늘어나고 있습니다. 이는 자유대한민국의 헌정질서를 짓밟고, 헌법과 법에 의해 세워진 정당한 국가기관을 교란시키는 것으로써, 내란을 획책하는 명백한 반국가 행위입니다. 국민의 삶은 안중에도 없고 오로지 탄핵과 특검, 야당 대표의 방탄으로 국정이 마비 상태에 있습니다. 지금 우리 국회는 범죄자 집단의 소굴이 되었고, 입법 독재를 통해 국가의 사법·행정 시스템을 마비시키고, 자유민주주의 체제의 전복을 기도하고 있습니다. 자유민주주의의 기반이 되어야 할 국회가 자유민주주의 체제를 붕괴시키는 괴물이 된 것입니다. 지금 대한민국은 당장 무너져도 이상하지 않을 정도의 풍전등화의 운명에 처해 있습니다.

친애하는 국민 여러분,

저는 북한 공산 세력의 위협으로부터 자유대한민국을 수호하고 우리 국민의 자유와 행복을 약탈하고 있는 파렴치한 종북 반국가 세력들을 일거에 척결하고 자유 헌정질서를 지키기 위해 비상계엄을 선포합니다. 저는 이 비상계엄을 통해 망국의 나락으로 떨어지고 있는 자유 대한민국을 재건하고 지켜낼 것입니다. 이를 위해 저는 지금까지 패악질을 일삼은 망국의 원흉 반국가 세력을 반드시 척결하겠습니다. 이는 체제 전복을 노리는 반국가 세력의 준동으로부터 국민의 자유와 안전, 그리고 국가 지속 가능성을 보장하며, 미래 세대에게 제대로 된 나라를 물려주기 위한 불가피한 조치입니다. 저는 가능한 한 빠른 시간 내에 반국가 세력을 척결하고 국가를 정상화 시키겠습니다. 계엄 선포로 인해 자유대한민국 헌법 가치를 믿고 따라주신 선량한 국민들께 다소의 불편이 있겠습니다마는, 이러한 불편을 최소화하는 데 주력할 것입니다. 이와 같은 조치는 자유대한민국의 영속성을 위해 부득이한 것이며, 대한민국이 국제사회에서 책임과 기여를 다한다는 대외 정책 기조에는 아무런 변함이 없습니다.

대통령으로서 국민 여러분께 간곡히 호소 드립니다. 저는 오로지 국민 여러분만 믿고 신명을 바쳐 자유 대한민국을 지켜낼 것입니다. 저를 믿어주십시오.

감사합니다.

[별지 4]

계엄사령부 포고령 제1호

자유대한민국 내부에 암약하고 있는 반국가세력의 대한민국 체제전복 위협으로부터 자유민주주의를 수호하고, 국민의 안전을 지키기 위해 2024년 12월 3일 23:00부로 대한민국 전역에 다음 사항을 포고합니다.

1. 국회와 지방의회, 정당의 활동과 정치적 결사, 집회, 시위 등 일체의 정치활동을 금한다.
2. 자유민주주의 체제를 부정하거나, 전복을 기도하는 일체의 행위를 금하고, 가짜뉴스, 여론조작, 허위선동을 금한다.
3. 모든 언론과 출판은 계엄사의 통제를 받는다.
4. 사회혼란을 조장하는 파업, 태업, 집회행위를 금한다.
5. 전공의를 비롯하여 파업 중이거나 의료현장을 이탈한 모든 의료인은 48시간 내 본업에 복귀하여 충실히 근무하고 위반시는 계엄법에 의해 처단한다.
6. 반국가세력 등 체제전복세력을 제외한 선량한 일반 국민들은 일상생활에 불편을 최소화할 수 있도록 조치한다.

이상의 포고령 위반자에 대해서는 대한민국 계엄법 제9조(계엄사령관 특별조치권)에 의하여 영장 없이 체포, 구금, 압수수색을 할 수 있으며, 계엄법 제14조(벌칙)에 의하여 처단한다.

2024. 12. 3.(화) 계엄사령관 육군대장 박안수.

　　국가권력의 헌법과 법률에의 기속을 위반한 것일 뿐 아니라, 기본적 인권의 보장, 권력분립원칙과 복수정당 제도 등 우리 헌법이 설계한 민주주의의 자정 장치 전반을 위협하는 결과를 초래하였다.

　　피청구인은 국가긴급권 남용의 역사를 재현하여 국민을 충격에 빠트리고, 사회·경제·정치·외교 전 분야에 혼란을 야기하였다. 국민 모두의 대통령으로서 자신을 지지하는 국민의 범위를 초월하여 국민 전체에 대하여 봉사함으로써 사회공동체를 통합시켜야 할 책무를 위반하였다.

주권자인 국민이 자신의 정치적 생각을 표현하거나 합법적인 집회와 시위를 통해 설파하는 것은 국가의 안전에 대한 위협이 아니라 우리 헌법의 근본이념인 '자유민주적 기본질서'의 핵심적인 보장 영역에 속하는 것이다.

오늘날의 대의민주주의에서 선거는 국민이 대표자를 결정·구성하는 방법이자 선출된 대표자에게 민주적 정당성을 부여함으로써 국민주권주의 원리를 실현하는 핵심적인 역할을 수행한다. 선거관리가 공정하게 이루어지지 못한다면 그 선거는 본래의 민주정치적 기능을 발휘하지 못하고 하나의 형식적인 기능에 그치고 말 것이다.

2

2016헌나1

대통령(박근혜) 탄핵

대통령에 대한 탄핵심판 사건

2.

2016헌나1

대통령(박근혜) 탄핵

대통령에 대한 탄핵심판 사건

종국일자 : 2017. 3. 10.

종국결과 : 인용(파면)

〈선고요지〉

지금부터 2016헌나1 대통령 박근혜 탄핵사건에 대한 선고를 시작하겠습니다.

선고에 앞서 이 사건의 진행경과에 관하여 말씀드리겠습니다.

저희 재판관들은 지난 90여 일 동안 이 사건을 공정하고 신속하게 해결하기 위하여 온 힘을 다하여 왔습니다. 지금까지 대한민국 국민들께서도 저희 재판부와 마찬가지로 많은 번민과 고뇌의 시간을 보내셨으리라 생각합니다.

저희 재판관들은 이 사건이 재판소에 접수된 지난 해 12. 9.

이후 오늘까지 휴일을 제외한 60여 일 간 매일 재판관 평의를 진행하였습니다. 재판과정 중 이루어진 모든 진행 및 결정에 재판관 전원의 논의를 거치지 않은 사항은 없습니다.

저희는 그 간 세 차례의 준비기일과 열일곱 차례에 걸친 변론기일을 열었습니다.

그 과정에서 청구인측 증거인 갑 제174호증에 이르는 서증과 열두 명의 증인, 5건의 문서송부촉탁결정 및 1건의 사실조회결정, 피청구인측 증거인 을 제60호증에 이르는 서증과 열일곱 명의 증인(안○범 중복하면 17명), 6건의 문서송부촉탁결정 및 68건의 사실조회결정을 통한 증거조사를 하였으며 소추위원과 양쪽 대리인들의 변론을 경청하였습니다.

증거조사된 자료는 48,000여 쪽에 달하며, 당사자 이외의 분들이 제출한 탄원서 등의 자료들도 40박스의 분량에 이릅니다.

대한민국 국민 모두 아시다시피, 헌법은 대통령을 포함한 모든 국가기관의 존립근거이고, 국민은 그러한 헌법을 만들어 내는 힘의 원천입니다.

재판부는 이 점을 깊이 인식하면서, 역사의 법정 앞에 서게 된 당사자의 심정으로 이 선고에 임하고자 합니다.

저희 재판부는 국민들로부터 부여받은 권한에 따라 이루어지는 오늘의 이 선고가 더 이상의 국론분열과 혼란을 종식시키고, 화합과 치유의 길로 나아가는 밑거름이 되기를 바랍니다.

또한, 어떤 경우에도 법치주의는 흔들려서는 안 될 우리 모두가 함께 지켜 가야 할 가치라고 생각합니다.

지금부터 선고를 시작하겠습니다.

먼저, 이 사건 탄핵소추안의 가결절차와 관련하여 흠결이 있는지 살펴보겠습니다.

소추의결서에 기재된 소추사실이 구체적으로 특정되지 아니하였다는 점에 대하여 보겠습니다.

헌법상 탄핵소추사유는, 공무원이 그 직무집행에서 헌법이나 법률을 위배한 사실이고 여기서 법률은 형사법에 한정되지 않습니다. 그리고 탄핵결정은 대상자를 공직으로부터 파면하는 것이지 형사상 책임을 묻는 것은 아닙니다. 따라서 피청구인이 방어권을 행사할 수 있고 심판대상을 확정할 수 있을 정도로 사실관계를 기재하면 됩니다.

이 사건 소추의결서의 헌법 위배행위 부분이 분명하게 유형별로 구분되지 않은 측면이 없지 않지만, 법률 위배행위 부분과 종합하여 보면 소추사유를 특정할 수 있습니다.

다음으로, 이 사건 탄핵소추안을 의결할 당시 국회 법사위의 조사도 없이 공소장과 신문기사 정도만 증거로 제시되었다는 점에 대하여 보겠습니다.

국회의 의사절차의 자율권은 권력분립의 원칙상 존중되어야 합니다. 국회법에 의하더라도 탄핵소추발의시 사유조사 여부는 국회의 재량으로 규정하고 있으므로 그 의결이 헌법이나 법률을 위배한 것이라고 볼 수 없습니다.

다음 이 사건 소추의결이 아무런 토론 없이 진행되었다는 점에 관하여 보겠습니다.

의결 당시 상황을 살펴보면, 토론 없이 표결이 이루어진 것은 사실이나, 국회법상 반드시 토론을 거쳐야 한다는 규정은 없고 미리 찬성 또는 반대의 뜻을 국회의장에게 통지하고 토론할 수는 있습니다. 그런데 당시 토론을 희망한 의원은 한 사람도 없었으며, 국회의장이 토론을 희망하는데 못하게 한 사실도 없었습니다.

탄핵사유는 개별 사유별로 의결절차를 거쳐야 함에도 여러 개 탄핵사유 전체에 대하여 일괄하여 의결한 것은 위법하다는 점에 관하여 보겠습니다.

소추사유가 여러 개 있을 경우 사유별로 표결할 것인지, 여러 사유를 하나의 소추안으로 표결할 것인지는 소추안을 발의하는 국회의원의 자유로운 의사에 달린 것이고, 표결방법에 관한 어떠한 명문규정도 없습니다.

8인 재판관에 의한 선고가 9인으로 구성된 재판부로부터 공정한 재판을 받을 권리를 침해하였다는 점에 관하여 살펴보겠습니다.

헌법재판소는 헌법상 아홉 명의 재판관으로 구성되어 있습니다. 그런데 현실적으로 재판관의 공무상 출장이나 질병 또는 재판관 퇴임 이후 후임재판관 임명까지 사이의 공백 등 여러 가지 사유로 일부 재판관이 재판에 관여할 수 없는 경우는 발생할 수

밖에 없습니다. 헌법과 법률에서는 이러한 경우에 대비한 규정을 마련해 놓고 있습니다.

탄핵의 결정을 할 때에는 재판관 6인 이상의 찬성이 있어야 하고, 재판관 7인 이상의 출석으로 사건을 심리한다고 규정하고 있습니다.

아홉 명의 재판관이 모두 참석한 상태에서 재판을 할 수 있을 때까지 기다려야 한다는 주장은, 현재와 같이 대통령 권한대행이 헌법재판소장을 임명할 수 있는지 논란이 되고 있는 상황에서는 결국 심리를 하지 말라는 주장으로서, 탄핵소추로 인한 대통령의 권한정지상태라는 헌정위기 상황을 그대로 방치하는 결과가 됩니다.

여덟 명의 재판관으로 이 사건을 심리하여 결정하는 데 헌법과 법률상 아무런 문제가 없는 이상 헌법재판소로서는 헌정위기 상황을 계속해서 방치할 수는 없습니다.

그렇다면 국회의 탄핵소추가결 절차에 헌법이나 법률을 위배한 위법이 없으며, 다른 적법요건에 어떠한 흠결도 없습니다.

　대한민국 국민 모두 아시다시피, 헌법은 대통령을 포함한 모든 국가기관의 존립근거이고, 국민은 그러한 헌법을 만들어 내는 힘의 원천입니다.

　또한, 어떤 경우에도 법치주의는 흔들려서는 안 될 우리 모두가 함께 지켜 가야 할 가치라고 생각합니다.

이제 탄핵사유에 관하여 살펴보겠습니다.

우선 탄핵사유별로 피청구인의 직무집행에 있어 헌법이나 법률을 위배하였는지 살펴보겠습니다. 공무원 임면권을 남용하여 직업공무원제도의 본질을 침해하였다는 점에 관하여 보겠습니다.

문화체육관광부 노 국장과 진 과장이 피청구인의 지시에 따라 문책성 인사를 당하고, 노 국장은 결국 명예퇴직하였으며, 장관이던 유○룡은 면직되었고, 대통령비서실장 김○춘이 문화체육관광부 제1차관에게 지시하여 1급 공무원 여섯 명으로부터 사직서를 제출받아 그 중 세 명의 사직서가 수리된 사실은 인정됩니다.

그러나 이 사건에 나타난 증거를 종합하더라도, 피청구인이 노 국장과 진 과장이 최○원의 사익 추구에 방해가 되었기 때문에 인사를 하였다고 인정하기에는 부족하고, 유○룡이 면직된 이유나 김○춘이 여섯 명의 1급 공무원으로부터 사직서를 제출받도록 한 이유 역시 분명하지 아니합니다.

언론의 자유를 침해하였다는 점에 관하여 보겠습니다.

청구인은 피청구인이 압력을 행사하여 세계일보 사장을 해임하였다고 주장하고 있습니다. 세계일보가 청와대 민정수석비서관실에서 작성한 정○회 문건을 보도한 사실과 피청구인이 이러한 보도에 대하여 청와대 문건의 외부유출은 국기문란 행위이고 검찰이 철저하게 수사해서 진실을 밝혀야 한다고 하며 문건 유출을 비난한 사실은 인정됩니다.

그러나 이 사건에 나타난 모든 증거를 종합하더라도 세계일보에 구체적으로 누가 압력을 행사하였는지 분명하지 않고 피청구인이 관여하였다고 인정할 만한 증거는 없습니다.

다음 세월호사건에 관한 생명권 보호의무와 직책성실의무 위반의 점에 관하여 보겠습니다.

2014. 4. 16. 세월호가 침몰하여 304명이 희생되는 참사가 발생하였습니다. 당시 피청구인은 관저에 머물러 있었습니다.

헌법은 국가는 개인이 가지는 불가침의 기본적 인권을 확인하고 이를 보장할 의무를 진다고 규정하고 있습니다.

세월호 침몰사건은 모든 국민들에게 큰 충격과 고통을 안겨준 참사라는 점에서 어떠한 말로도 희생자들을 위로하기에는 부족할 것입니다.

피청구인은 국가가 국민의 생명과 신체의 안전 보호의무를 충실하게 이행할 수 있도록 권한을 행사하고 직책을 수행하여야 하는 의무를 부담합니다.

그러나 국민의 생명이 위협받는 재난상황이 발생하였다고 하여 피청구인이 직접 구조 활동에 참여하여야 하는 등 구체적이고 특정한 행위의무까지 바로 발생한다고 보기는 어렵습니다.

또한, 피청구인은 헌법상 대통령으로서의 직책을 성실히 수행할 의무를 부담하고 있습니다.

그런데 성실의 개념은 상대적이고 추상적이어서 성실한 직책

수행의무와 같은 추상적 의무규정의 위반을 이유로 탄핵소추를 하는 것은 어려운 점이 있습니다.

헌법재판소는 이미, 대통령의 성실한 직책수행의무는 규범적으로 그 이행이 관철될 수 없으므로 원칙적으로 사법적 판단의 대상이 될 수 없어, 정치적 무능력이나 정책결정상의 잘못 등 직책수행의 성실성 여부는 그 자체로는 소추사유가 될 수 없다고 하였습니다.

세월호 사고는 참혹하기 그지 없으나, 세월호 참사 당일 피청구인이 직책을 성실히 수행하였는지 여부는 탄핵심판절차의 판단대상이 되지 아니한다고 할 것입니다.

지금부터는 피청구인의 최○원에 대한 국정개입 허용과 권한남용에 관하여 살펴보겠습니다.

피청구인에게 보고되는 서류는 대부분 부속비서관 정○성이 피청구인에게 전달하였는데, 정○성은 2013년 1월경부터 2016년 4월경까지 각종 인사자료, 국무회의자료, 대통령 해외순방일정과 미국 국무부장관 접견자료 등 공무상 비밀을 담고 있는 문건을 최○원에게 전달하였습니다.

최○원은 그 문건을 보고 이에 관한 의견을 주거나 내용을 수정하기도 하였고, 피청구인의 일정을 조정하는 등 직무활동에 관여하기도 하였습니다.

또한, 최○원은 공직 후보자를 추천하기도 하였는데, 그 중 일부는 최○원의 이권 추구를 도왔습니다.

피청구인은 최○원으로부터 케이디코퍼레이션이라는 자동차 부품회사의 대기업 납품을 부탁받고 안○범을 시켜 현대자동차 그룹에 거래를 부탁하였습니다.

피청구인은 안○범에게 문화와 체육 관련 재단법인을 설립하라는 지시를 하여, 대기업들로부터 486억 원을 출연받아 재단법인 미르, 288억 원을 출연받아 재단법인 케이스포츠를 설립하게 하였습니다.

그러나 두 재단법인의 임직원 임면, 사업 추진, 자금 집행, 업무 지시 등 운영에 관한 의사결정은 피청구인과 최○원이 하였고, 재단법인에 출연한 기업들은 전혀 관여하지 못했습니다.

최○원은 미르가 설립되기 직전에 광고회사인 플레이그라운드를 설립하여 운영했습니다. 최○원은 자신이 추천한 임원을 통해 미르를 장악하고 자신의 회사인 플레이그라운드와 용역계약을 체결하도록 하여 이익을 취하였습니다.

그리고 최○원의 요청에 따라, 피청구인은 안○범을 통해 케이티에 특정인 2명을 채용하게 한 뒤 광고 관련 업무를 담당하도록 요구하였습니다. 그 뒤 플레이그라운드는 케이티의 광고대행사로 선정되어 케이티로부터 68억여 원에 이르는 광고를 수주했습니다.

또 안○범은 피청구인 지시로 현대자동차그룹에 플레이그라운드 소개자료를 전달했고, 현대와 기아자동차는 신생 광고회사인 플레이그라운드에 9억여 원에 달하는 광고를 발주했습니다.

한편, 최○원은 케이스포츠 설립 하루 전에 더블루케이를 설립하여 운영했습니다.

최○원은 노○일과 박○영을 케이스포츠의 직원으로 채용하여 더블루케이와 업무협약을 체결하도록 했습니다.

피청구인은 안○범을 통하여 그랜드코리아레저와 포스코가 스포츠팀을 창단하도록 하고 더블루케이가 스포츠팀의 소속 선수 에이전트나 운영을 맡기도록 하였습니다.

최○원은 문화체육관광부 제2차관 김○을 통해 지역 스포츠클럽 전면 개편에 대한 문화체육관광부 내부 문건을 전달받아, 케이스포츠가 이에 관여하여 더블루케이가 이득을 취할 방안을 마련했습니다.

또 피청구인은 롯데그룹 회장을 독대하여 5대 거점 체육인재 육성 사업과 관련해 하남시에 체육시설을 건립하려고 하니 자금을 지원해 달라고 요구하여 롯데는 케이스포츠에 70억 원을 송금했습니다.

다음으로 피청구인의 이러한 행위가 헌법과 법률에 위배되는지를 보겠습니다.

헌법은 공무원을 '국민 전체에 대한 봉사자'로 규정하여 공무원의 공익실현의무를 천명하고 있고, 이 의무는 국가공무원법과 공직자윤리법 등을 통해 구체화되고 있습니다.

피청구인의 행위는 최○원의 이익을 위해 대통령의 지위와 권한을 남용한 것으로서 공정한 직무수행이라고 할 수 없으며, 헌법, 국가공무원법, 공직자윤리법 등을 위배한 것입니다.

또한, 재단법인 미르와 케이스포츠의 설립, 최ㅇ원의 이권 개입에 직, 간접적으로 도움을 준 피청구인의 행위는 기업의 재산권을 침해하였을 뿐만 아니라, 기업경영의 자유를 침해한 것입니다.

그리고 피청구인의 지시 또는 방치에 따라 직무상 비밀에 해당하는 많은 문건이 최ㅇ원에게 유출된 점은 국가공무원법의 비밀엄수의무를 위배한 것입니다.

지금까지 살펴본 피청구인의 법위반 행위가 피청구인을 파면할 만큼 중대한 것인지에 관하여 보겠습니다.

대통령은 헌법과 법률에 따라 권한을 행사하여야 함은 물론, 공무 수행은 투명하게 공개하여 국민의 평가를 받아야 합니다.

그런데 피청구인은 최ㅇ원의 국정개입사실을 철저히 숨겼고, 그에 관한 의혹이 제기될 때마다 이를 부인하며 오히려 의혹 제기를 비난하였습니다. 이로 인해 국회 등 헌법기관에 의한 견제나 언론에 의한 감시 장치가 제대로 작동될 수 없었습니다.

또한, 피청구인은 미르와 케이스포츠 설립, 플레이그라운드와 더블루케이 및 케이디코퍼레이션 지원 등과 같은 최ㅇ원의 사익 추구에 관여하고 지원하였습니다.

피청구인의 헌법과 법률 위배행위는 재임기간 전반에 걸쳐 지속적으로 이루어졌고, 국회와 언론의 지적에도 불구하고 오히려 사실을 은폐하고 관련자를 단속해 왔습니다. 그 결과 피청구인의 지시에 따른 안ㅇ범, 김ㅇ, 정ㅇ성 등이 부패범죄 혐의로 구속 기소되는 중대한 사태에 이르렀습니다.

이러한 피청구인의 위헌위법행위는 대의민주제 원리와 법치주의 정신을 훼손한 것입니다.

한편, 피청구인은 대국민 담화에서 진상 규명에 최대한 협조하겠다고 하였으나 정작 검찰과 특별검사의 조사에 응하지 않았고, 청와대에 대한 압수수색도 거부하였습니다.

이 사건 소추사유와 관련한 피청구인의 일련의 언행을 보면, 법 위배행위가 반복되지 않도록 할 헌법수호의지가 드러나지 않습니다.

결국 피청구인의 위헌위법행위는 국민의 신임을 배반한 것으로 헌법수호의 관점에서 용납될 수 없는 중대한 법 위배행위라고 보아야 합니다. 피청구인의 법 위배행위가 헌법질서에 미치는 부정적 영향과 파급효과가 중대하므로, 피청구인을 파면함으로써 얻는 헌법 수호의 이익이 압도적으로 크다고 할 것입니다.

이에 재판관 전원의 일치된 의견으로 주문을 선고합니다.

주문 피청구인 대통령 박근혜를 파면한다.

이 결정에는 재판관 김이수, 이진성, 안창호의 보충의견이 있습니다.

이 결정에는 세월호 참사 관련하여 피청구인은 생명권 보호의무를 위반하지는 않았지만, 헌법상 성실한 직책수행의무 및 국가공무원법상 성실의무를 위반하였고, 다만 그러한 사유만으로는 파면 사유를 구성하기 어렵다는 재판관 김이수, 재판관 이진성의 보충의견이 있습니다.

그 취지는 피청구인의 생명권 보호의무 위반을 인정하지 못하는 것은 법정의견과 같고, 피청구인이 헌법상 대통령의 성실한 직책수행의무 및 국가공무원법상 성실의무를 위반하였으나 이 사유만으로는 파면 사유를 구성하기 어렵지만, 미래의 대통령들이 국가위기 상황에서 직무를 불성실하게 수행하여도 무방하다는 그릇된 인식이 우리의 유산으로 남겨져 수많은 국민의 생명과 안전이 상실되는 불행한 일이 반복되어서는 안 되겠기에 피청구인의 성실한 직책수행의무 위반을 지적한다는 내용입니다.

또한, 이 사건 탄핵심판은 보수와 진보라는 이념의 문제가 아니라 헌법질서를 수호하는 문제로 정치적 폐습을 청산하기 위하여 파면결정을 할 수 밖에 없다는 재판관 안창호의 보충의견이 있습니다.

이것으로 선고를 마칩니다.

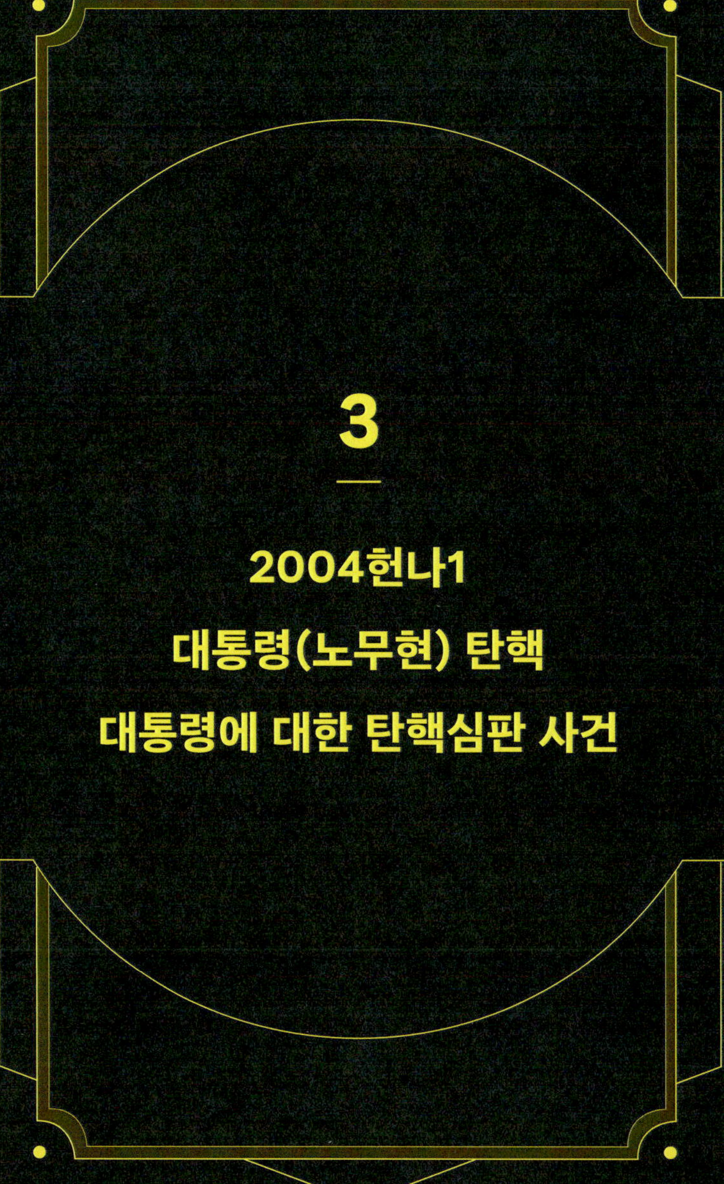
3

2004헌나1
대통령(노무현) 탄핵
대통령에 대한 탄핵심판 사건

3.

2004헌나1

대통령(노무현) 탄핵

대통령에 대한 탄핵심판 사건

종국일자 : 2004. 5. 14.

종국결과 : 기각

결정을 선고하겠습니다. 사건 2004헌나1호, 대통령 탄핵. 청구인 국회, 소추위원 국회 법제사법위원회 위원장, 피청구인 대통령 노무현.

먼저 법정 이유 요지를 설명드리겠습니다. 국회에서의 탄핵소추가 적법한지에 관하여 말씀드리겠습니다.

국회에서의 충분한 조사 및 심사가 결여됐다는 주장에 관하여. 국회가 탄핵소추를 하기 전에 소추 사유에 관하여 충분한 조

사를 하는 것이 바람직하지만, 국회법 규정에 의하면 조사의 여
부를 국회의 재량으로 규정하고 있으므로 이 사건에서 국회가 별
도 조사를 하지 않았다 하더라도 헌법이나 법률을 위반하였다고
할 수 없다.

두 번째, **적법 절차 원칙에 위배되었다는 주장에 관하여.** 피
청구인은 이 사건 탄핵소추를 함에 있어서 청구인이 피청구인에
게 혐의사실을 정식으로 고지하지도 않았고 의견 제출의 기회
도 부여하지 않았으므로 적법 절차 원칙에 위배된다고 주장합니
다. 여기서 피청구인이 주장하는 적법 절차 원칙이란, 국가 공권
력이 국민에 대하여 불이익한 결정을 하기에 앞서 국민은 자신의
견해를 진술할 기회를 가짐으로써 절차의 진행과 그 결과에 영향
을 미칠 수 있어야 한다는 법 원리를 말합니다. 그런데 이 사건의
경우 국회의 탄핵소추 절차는 국회와 대통령이라는 헌법기관 사
이의 문제이고, 국회의 탄핵소추 의결에 의하여 사인으로서의 대
통령의 기본권이 침해되는 것이 아니라 국가기관으로서의 대통
령의 권한 행사가 정지되는 것이다. 따라서 국가기관이 국민과의
관계에서 공권력을 행사함에 있어서 준수해야 할 법 원칙으로서
형성된 적법 절차의 원칙을, 국가기관에 대하여 헌법을 수호하고
자 하는 탄핵소추 절차에는 직접 적용할 수 없다고 할 것이고, 그
밖에 달리 탄핵소추 절차와 관련하여 피소추인에게 의견 제출 기
회를 부여할 것을 요청하는 명문의 규정도 없으므로, 국회의 탄
핵소추 절차가 적법 절차 원칙에 위배되었다는 주장은 이유가 없

다. 그 외에 탄핵소추가 부적법하다는 주장들은 모두 그 이유가 없다.

　두 번째, **헌법 제65조의 탄핵심판 절차의 본질에 관해서 살펴본다.** 헌법 제65조는 집행부와 사법부 고위 공직자에 의한 헌법 위반이나 법률 위반에 대해서 탄핵소추 가능성을 규정함으로써 그들에 의한 헌법 위반을 경고하고 사전에 방지하는 기능을 하며, 국민에 의하여 국가권력을 위임받은 국가기관이 그 권한을 남용하여 헌법이나 법률에 위반하는 경우에는 다시 그 권한을 박탈하는 기능을 한다. 공직자가 직무 수행에 있어서 헌법에 위반한 경우 그에 대한 법적 책임을 추궁함으로써 헌법의 규범력을 확보하고자 하는 것이 바로 탄핵심판 절차의 목적과 기능인 것이다. 헌법 제65조는 탄핵소추 사유를 헌법이나 법률에 대한 위배로 명시함으로써 탄핵 절차를 정치적 심판 절차가 아니라 규범적 심판 절차로 규정하였고, 이에 따라 탄핵소추 목적이 정치적 이유가 아니라 법 위반을 이유로 하는 대통령의 파면임을 밝히고 있다.

  '적법절차원칙'이란, 국가공권력이 국민에 대하여 불이익한 결정을 하기에 앞서 국민은 자신의 견해를 진술할 기회를 가짐으로써 절차의 진행과 그 결과에 영향을 미칠 수 있어야 한다는 법원리를 말한다.

  대통령이 특정 정당을 일방적으로 지지하는 발언을 함으로써 국민의 의사형성과정에 영향을 미친다면, 정당과 후보자들에 대한 정당한 평가를 기초로 하는 국민의 자유로운 의사형성과정에 개입하여 이를 왜곡시키는 것이며, 동시에 지난 수년 간 국민의 신뢰를 얻기 위하여 꾸준히 지속해 온 정당과 후보자의 정치적 활동의 의미를 반감시킴으로써 의회민주주의를 크게 훼손시키는 것이다.

대통령이 직무집행에 있어서 헌법이나 법률에 위반했는지에 관하여 살핀다. 아래에서는 국회의 탄핵소추의결서에서 기재된 소추 사유를 유형별로 나누어 각 헌법이나 법률의 위반 여부를 살펴보기로 한다.

첫째, **2004년 2월 18일 경인지역 6개 언론사의 기자회견, 2004년 2월 24일 한국방송기자클럽 초청 기자회견에서 특정 정당을 지지한 행위가 공선법 제9조의 공무원의 중립 의무에 위반했는지에 관하여 살핀다.** 대통령도 선거에서의 중립 의무를 지는 공무원인지의 여부에 관하여. 선거에서의 공무원의 정치적 중립 의무는 국민 전체에 대한 봉사자로서의 공무원의 지위를 규정하는 헌법 제7조 제1항, 자유선거 원칙을 규정하는 헌법 제41조 제1항과 제61조 제1항 및 정당의 기회균등을 보장하는 헌법 제116조 제1항으로부터 나오는 헌법적 요청이다. 공선법 제9조는 이러한 헌법적 요청을 구체화하고 실현하는 법규정이다. 따라서 공선법 제9조의 '공무원'이란 위 헌법적 요청을 실현하기 위하여 선거에서의 중립 의무가 부과되어야 하는 모든 공무원, 즉 구체적으로, 자유선거 원칙과 선거에서의 정당의 기회균등을 위협할 수 있는 모든 공무원을 의미한다. 그런데 사실상 모든 공무원이 그 직무 행사를 통하여 선거에 대한 부당한 영향력을 행사할 수 있는 지위에 있으므로, 여기에서의 공무원이란 원칙적으로 국가와 지방자치단체의 모든 공무원, 즉 좁은 의미의 직업공무원은 물론이고 적극적인 정치 활동을 통하여 국가에 봉사하는 정치적 공무원을 포함한다. 다만 국회의원과 지방의회 의원은 정당의 대표자이자 선거운동의 주체로서의 지위로 말미암아 선거에서의 정치적 중립성이 요구될 수 없으므로 공선법 9조의 공무원에 해당하지 않는다. 국가의 중립 의무에 의하여 보장된 정당 간의 자유 경쟁에서 국회의원은 정당의 대표자로서 선거운동 주역으로 활동하게 되는 것이다. 따라서 선거에 있어서의 정치적 중립성은 행정부와 사법부의 모든 공직자에게 해당하는 공무원의 기본적 의무이다. 더욱이 대통령은 행정부 수반으로서 공정한 선거가 실시될 수 있도록 총괄 감독해야 할 의무가 있으므로 당연히 선거에서의 중립 의무를 지는 공직자에 해당하는 것이고, 이로써 공선법 제9조의 공무원에 포함된다.

이 사건의 경우 **대통령의 발언이 공무원의 정치적 중립 의무에 위반되는지의 여부에 관하여 살핀다.** 여기서 문제되는 기자회견에서의 대통령의 발언은 공직자의 신분으로서 직무수행의 범위 내에서 또는 직무수행과 관련하여 이루어진 것으로 보아야 한다. 대통령이 특정 정당을 일방적으로 지지하려는 발언을 함으로써 국민의 의사 형성 과정에 영향을 미친다면, 정당과 후보자들에 대한 정당한 평가를 기초로 하는 국민의 자유로운 의사 형성 과정에 개입하여 이를 왜곡시키는 것이며, 동시에 지난 수년간 국민의 신뢰를 얻기 위하여 꾸준히 지속해온 정당과 후보자의 정치적 활동의 의미를 반감시킴으로써 의회민주주의를 크게 훼손시키는 것이다. 그런데 이 부분 대통령의 발언은 그 직무집행에 있어서 반복하여 특정 정당에 대한 자신의 지지를 적극적으로 표명하고, 나아가 국민들에게 직접 그 정당에 대한 지지를 호소하는 내용이라고 할 수 있다. 따라서 선거에 임박한 시기이기 때문에 공무원의 정치적 중립성이 어느 때보다도 요청되는 때에 공정한 선거관리의 궁극적 책임을 지는 대통령이 기자회견에서 전국민을 상대로 대통령직의 정치적 비중과 영향력을 이용하여 특정 정당을 지지하는 발언을 한 것은 대통령의 지위를 이용하여 선거에 대한 부당한 영향력을 행사하고, 이로써 선거의 결과에 영향을 미치는 행위를 한 것이므로 선거에서의 중립 의무를 위반하였다.

다음, **공무원의 선거운동 금지를 규정하는 공선법 제60조의 위반 여부.** 공선법 제58조 제1항은 당선의 기준을 사용하여 선거운동의 개념을 정의함으로써 후보자를 특정할 수 있는지의 여부를 선거운동의 요건으로 삼고 있다. 그러나 이 사건의 발언이 이루어진 시기인 2004년 2월 18일과 2004년 2월 24일에는 아직 정당 후보자가 결정되지 아니하였으므로 후보자의 특정이 이루어지지 않은 상태에서 특정 정당에 대한 지지 발언을 한 것은 선거운동에 해당한다고 볼 수 없다. 뿐만 아니라 여기서 문제되는 대통령의 발언들은 기자회견에서 기자의 질문에 대한 답변의 형식으로 수동적이고 비계획적으로 행해진 점을 감안한다면, 대통령의 발언에 선거운동을 향한 능동적 요소와 계획적 요소를 인정할 수 없고, 이에 따라 선거운동의 성격을 인정할 정도로 상당한 목적 의사가 있었다고 볼 수 없다. 그렇다면 피청구인의 발언이 특정 후보자나 특정 가능한 후보자들을 당선 또는 낙선시킬 의도로 능동적, 계획적으로 선거운동을 한 것으로는 보기 어렵다. 그밖에 총선과 관련한 발언으로서, 2003년 12월 19일 '리멤버 1219' 행사에서의 발언, 2003년 12월 24일 전직 비서관과의 청와대 오찬에서의 발언, 2004년 1월 14일 연두 기자회견에서의 발언, 2004년 2월 5일 강원지역 언론인 간담회에서의 발언 등은 모두 허용되는 정치적 의견 표명의 범위를 벗어나지 않는 것으로서 헌법이나 법률에 위반되지 않는다.

4. 중앙선거관리위원회의 선거법 위반 결정에 대한 대통령의 행위에 관하여. 헌법을 준수하고 수호해야 할 의무가 이미 법치국가 원리에서 파생되는 지극히 당연한 것임에도 불구하고, 헌법은 국가의 원수이자 행정부 수반이라는 대통령의 막중한 지위를 감안하여 제66조 제2항 및 제69조에서 이를 다시 한번 강조하고 있다. 이러한 헌법의 정신에 의한다면 대통령은 국민 모두에 대한 법치와 준법의 상징적 존재인 것이다. 청와대 홍보수석이 발표한 내용은 그 취지에 있어서 중앙선거관리위원회의 결정에 대하여 유감을 표명하면서 현행 선거법을 관권 선거 시대의 유물이란 뜻으로 폄하한 것이라 볼 수 있다. 그러나 대통령이 현행법을 관권 선거 시대의 유물로 폄하하고 법률의 합헌성과 정당성에 대하여 대통령의 지위에서 공개적으로 의문을 제기하는 것은 헌법과 법률을 준수해야 할 의무와 부합하지 않는다. 물론 대통령도 정치인으로서 현행 법률의 개선 방향에 관한 입장과 소신을 표현

할 수는 있으나, 어떠한 상황에서 어떠한 연관 관계에서 법률의 개정에 관하여 논의하는가 하는 것은 매우 중요하며, 이 사건의 경우와 같이 대통령이 선거법 위반 행위로 말미암아 중앙선거관리위원회로부터 경고를 받는 상황에서, 그에 대한 반응으로서 현행 선거법을 폄하하는 발언을 하는 것은 법률을 존중하는 태도라고 볼 수 없는 것이다. 모든 공직자의 모범이 되어야 하는 대통령의 이러한 언행은 법률을 존중하고 준수해야 하는 다른 공직자의 의식에 중대한 영향을 미치고, 나아가 국민 전반의 준법 정신을 저해하는 효과를 가져오는 등 법치 국가의 실현에 있어서 매우 부정적인 영향을 미칠 수 있다. 결론적으로 대통령이 국민 앞에서 현행법의 정당성과 규범력을 문제 삼는 행위는 법치 국가의 정신에 반하는 것이자, 헌법을 수호해야 할 의무를 위반한 것이다.

5. 2003년 10월 13일 재신임 국민투표를 제안한 행위에 관하여. 헌법 제72조는 '대통령은 필요하다고 인정할 때에는 외교·국방·통일 기타 국가 안위에 관한 주요 정책을 국민투표에 부칠 수 있다'고 규정하여 대통령에게 국민투표 부의권을 부여하고 있다. 국민투표는 직접민주주의를 실현하기 위한 수단으로서 사안에 대한 결정, 즉 특정한 국가정책이나 법안을 그 대상으로 한다. 따라서 국민투표의 본질상 대표자에 대한 신임은 국민투표 대상이 될 수 없으며, 우리 헌법에서 대표자의 선출과 그에 대한 신임은 단지 선거의 형태로서 이루어져야 한다. 대통령이 자신에 대한 재신임을 국민투표 형태로 묻고자 하는 것은 헌법 제72조에

의하여 부여받은 국민투표 부의권을 위헌적으로 행사하려는 경우에 해당하는 것으로, 국민투표 제도를 자신의 정치적 입지를 강화하기 위한 정치적 도구로 남용해서는 안 된다는 헌법적 의무를 위반한 것입니다. 물론 대통령이 위헌적인 재신임 국민투표를 단지 제안만 하였을 뿐 강행하지는 않았으나, 헌법상 허용되지 않는 재신임 국민투표를 국민들에게 제안한 것은 그 자체로서 헌법 72조에 반하는 것으로, 헌법을 실현하고 수호해야 할 대통령의 의무를 위반한 것이다.

6. 대통령이 2003년 4월 25일 국회 인사청문회가 고영구 국가정보원장에 대하여 부적격 판정을 하였음에도 이를 수용하지 아니한 행위, 2003년 9월 3일 국회가 행정자치부장관 해임 결의안을 의결하였음에도 이를 즉시 수용하지 아니한 행위는 헌법이 규정하는 권력분립 구조 내에서의 대통령의 정당한 권한 행사에 해당하거나, 또는 헌법 규범에 부합하는 것이며, 국회에 대한 비하적 발언은 정치적 비난의 대상이 될 수는 있을지언정 헌법이나 법률에 위반한 것은 아니다.

7. 대통령 측근의 권력형 부정부패에 관하여. 헌법 제65조 제1항은 '대통령이 그 직무집행에 있어서'라고 하여 탄핵 사유 요건을 직무집행으로 한정하고 있으므로, 위 규정의 해석상 대통령의 지위를 보유하고 있는 상태에서 범한 법 위배 행위만이 소추사유

가 될 수 있다. 썬앤문 및 대선 캠프 관련 불법 정치자금 수수 등에 관하여. 이 부분 소추사유들은 피청구인이 2003년 2월 25일 대통령으로 취임하기 전에 일어난 사실에 바탕을 두고 있는 것이어서 대통령으로서의 직무집행과 무관함이 명백하므로 나아가서 피청구인이 그러한 불법자금 수수 등에 관여한 사실이 있는지 여부를 살필 것 없이 탄핵 사유에 해당하지 않는다. 측근 비리에 관하여. 이 부분 소추 사유 중 피청구인이 대통령으로 취임한 후에 일어난 사실에 바탕을 두고 있는 것은 최ㅇ술이 청와대 총무비서관으로 재직하는 동안 삼성 등으로부터 4억700만 원을 수수하였다는 부분, 안ㅇ정이 2003년 3월부터 같은 해 8월까지 10억 원의 불법 자금을 수수하였다는 부분 및 여택수 양ㅇ승에 관한 부분이다. 그러나 이 사건 변론 절차에서 현출된 모든 증거에 의하더라도 피청구인이 위 최ㅇ술 등의 불법 자금 수수 등의 행위를 지시, 방조하였다거나 기타 불법적으로 관여하였다는 사실이 인정되지 않으므로, 이를 전제로 한 이 부분 소추 사유는 이유가 없다.

8. 불성실한 직책 수행과 경솔한 국정운영으로 인한 정국의 혼란 및 경제 파탄 부분에 관하여. 헌법 제69조는 대통령의 취임 선서 의무를 규정하면서 대통령으로서 직책을 성실히 수행할 의무를 언급하고 있다. 비록 대통령의 성실한 직책 수행 의무는 헌법적 의무에 해당하나, 헌법을 수호해야 할 의무와 달리 규범적으로 그 이행이 관철될 수 있는 성격의 의무가 아니므로 원칙적으로 사법적 판단의 대상이 될 수 없다고 할 것이다. 헌법 제65조

제1항은 탄핵 사유를 헌법이나 법률에 위배한 때로 제한하고 있고, 헌법재판소의 탄핵심판 절차는 법적인 관점에서 단지 탄핵사유의 존부만을 판단하는 것이므로, 이 사건에서 청구인이 주장하는 바와 같은 정치적 무능력이나 정책 결정상의 잘못 등 직책 수행의 성실 여부는 그 자체로서 소추사유가 될 수 없어 탄핵심판 절차의 판단 대상이 되지 아니한다.

9. 결론적으로 법 위반이 인정되는 대통령의 행위는, 대통령의 2004년 2월 18일 경인지역 6개 언론사와의 기자회견에서의 발언, 2004년 2월 24일 한국방송기자클럽 초청 대통령 기자회견에서의 발언들은 공선법 제9조의 공무원의 중립 의무에 위반하였다. 나아가 2004년 3월 4일 중앙선거관리위원회의 선거법 위반 결정에 대한 대통령의 행위는 법치 국가 이념에 위반되어 대통령의 헌법 수호 의무에 위반하였고, 또 2003년 10월 13일 대통령의 재신임 국민투표 제안 행위는 헌법 72조에 반하는 것으로 헌법 수호 의무에 위반하였다.

3. 대통령을 파면할 것인지에 관하여. 헌법재판소법은 제53조 제1항에서 '탄핵심판 청구가 이유 있는 때에는 헌법재판소는 피청구인을 당해 공직에서 파면하는 결정을 선고한다'고 규정하고 있다. 이 규정은 헌법 제65조 제1항의 탄핵 사유가 인정되는 모든 경우에 자동적으로 파면 결정을 하도록 규정하고 있는 것으로

문리적으로 해석할 수 있으나, 직무행위로 인한 사소한 법 위반을 이유로 파면을 해야 한다면 이는 피청구인의 책임에 상응하는 헌법적 징벌의 요청, 즉 법익 형량의 원칙에 위반된다. 따라서 헌법재판소법 제53조 1항의 '탄핵심판 청구가 이유 있는 때'란 모든 법 위반의 경우가 아니라, 단지 공직자의 파면을 정당화할 정도로 중대한 법 위반의 경우를 말한다.

한편, 대통령에 대한 파면 결정은 국민이 선거를 통하여 대통령에게 부여한 민주적 정당성을 임기 중 다시 박탈하는 효과를 가지며, 직무수행의 단절로 인한 국가적 손실과 국정 공백은 물론이고, 국론의 분열 현상, 즉 대통령을 지지하는 국민과 그렇지 않은 국민 간의 분열과 반목으로 인한 정치적 혼란을 가져올 수 있다. 따라서 대통령에 대한 파면 효과가 이와 같이 중대하다면 파면 결정을 정당화하는 이유도 이에 상응하는 중대성을 가져야 할 것이다. 대통령을 파면할 정도로 중대한 법 위반이 어떠한 것인지에 관하여 일반적으로 규정하는 것은 매우 어려운 일이나, 대통령의 직을 유지하는 것이 더 이상 헌법 수호의 관점에서 용납될 수 없거나, 대통령이 국민의 신임을 배신하여 국정을 담당할 자격을 상실한 경우에 한하여 대통령에 대한 파면 결정은 정당화되는 것이다. 그런데 이 사건에서 인정되는 대통령의 법 위반이 헌법질서에 미치는 효과를 종합하여 본다면, 대통령의 구체적인 법 위반 행위에 있어서 헌법질서에 역행하고자 하는 적극적인 의사를 인정할 수 없으므로 자유민주적 기본질서에 대한 위협으로 평가될 수 없다. 따라서 파면 결정을 통하여 헌법을 수호하고 손상된 헌법질서를 다시 회복하는 것이 요청될 정도로 대통령의 법 위반 행위가 헌법 수호 관점에서 중대한 의미를 가진다고 볼 수 없고, 또한 대통령에게 부여한 국민의 신임을 임기 중 다시 박탈해야 할 정도로 국민의 신임을 저버린 경우에 해당한다고 볼 수 없으므로, 대통령에 대한 파면 결정을 정당화하는 사유가 존재하지 않는다.

마지막으로 대통령의 권한과 정치적 권한은 헌법에 의하여 부여받은 것이며, 헌법을 경시하는 대통령은 스스로 자신의 권한과 권위를 부정하고 파괴하는 것이다. 특히 짧은 민주정치의 역사 속에서 국민의 헌법 의식이 이제야 비로소 싹트기 시작하였고, 헌법을 존중하는 자세가 아직 국민의 일반 의식에 확고히 자리를 잡지 못한 오늘의 상황에서, 헌법을 수호하고자 하는 대통령의 확고한 태도가 얼마나 중요한지 하는 것은 아무리 강조해도 지나치지 않는다. 대통령은 법치와 준법의 상징적 존재로서 스스로가 헌법과 법률을 존중하고 준수해야 함은 물론이고, 다른 국가기관이나 일반 국민의 위헌적 또는 위법적 행위에 대하여 단호하게 나섬으로써 법치 국가를 실현하고 궁극적으로 자유민주적 기본질서를 수호하기 위하여 최선의 노력을 기울여야 한다.

결론. 이 심판청구는 법정의견 이외에 탄핵 결정에 필요한 재판관의 정족수에 이르지 못하였으므로, 이를 기각하기로 하여 주문과 같이 결정한다.

주문. **이 사건 심판청구를 기각한다.**

헌법재판소법 제34조 제1항에 의하면 헌법재판소 평의는 공개하지 아니하도록 규정되어 있다. 그러므로 개별 재판관의 의견을 결정문에 표시하기 위해서는 이와 같은 평의의 비밀에 대해 예외를 인정하는 특별 규정이 있어야만 가능한데, 탄핵심판에 관해서는 평의의 비밀에 대한 예외를 인정하는 법률 규정이 없다. 따라서 이 탄핵심판에 관해서도 재판관 개개인의 개별적 의견 및 그 의견의 수 등을 결정문에 표시할 수 없다고 할 것이다. 그러나 위와 같은 견해에 대해서, 동법 제36조 3항은 탄핵심판에 있어서 의견을 표시할지 여부를 관여한 재판관의 재량 판단에 맡기는 의미로 해석하여야 할 것이고, 평의의 비밀은 평의의 결과는 공개할 수 있고 그 과정만을 비공개로 하여야 한다고 해석된다. 따라서 "반대 의견을 표시할 수 있다"라는 재판관의 견해가 있었습니다.

이상으로 이 사건 탄핵사건의 선고를 마치겠습니다.

대통령의 '성실한 직책수행의무'는 헌법적 의무에 해당하나, '헌법을 수호해야 할 의무'와는 달리, 규범적으로 그 이행이 관철될 수 있는 성격의 의무가 아니므로, 원칙적으로 사법적 판단의 대상이 될 수 없다고 할 것이다.

'대통령을 파면할 정도로 중대한 법위반이 어떠한 것인지'에 관하여 일반적으로 규정하는 것은 매우 어려운 일이나, 대통령의 직을 유지하는 것이 더 이상 헌법수호의 관점에서 용납될 수 없거나 대통령이 국민의 신임을 배신하여 국정을 담당할 자격을 상실한 경우에 한하여, 대통령에 대한 파면결정은 정당화되는 것이다.

헌법을 읽는 시간: 세 번의 탄핵심판, 그 기록

초판발행	2025년 4월 19일
중판발행	2025년 6월 16일

엮은이	PY 헌법연구소
펴낸이	안종만·안상준

편 집	이승현·장유나
기획/마케팅	이승현·장유나
표지디자인	이수빈
제 작	고철민·김원표

펴낸곳	㈜ **박영사**
	서울특별시 금천구 가산디지털2로 53, 210호(가산동, 한라시그마밸리)
	등록 1959. 3. 11. 제300-1959-1호(倫)
전 화	02)733-6771
f a x	02)736-4818
e-mail	pys@pybook.co.kr
homepage	www.pybook.co.kr
ISBN	979-11-303-4995-4 03360

copyright©PY 헌법연구소, 2025, Printed in Korea

* 파본은 구입하신 곳에서 교환해 드립니다. 본서의 무단복제행위를 금합니다.

정 가	9,900원